ERTRÄGE

Schriftenreihe der Bibliothek des Konservatismus

Band 6

ERTRÄGE

Schriftenreihe der Bibliothek des Konservatismus

Herausgegeben von der
Förderstiftung Konservative Bildung und Forschung

Band 6

Michael Wiesberg

Erinnerung als Dichterpflicht

25 Jahre »Anschwellender Bocksgesang«
von Botho Strauß

Förderstiftung Konservative Bildung und Forschung
Berlin

Satz: Oktavo, Hohen Wangelin
Gesetzt aus 10/14 Punkt Stempel Garamond
Gedruckt in Deutschland

Die Deutsche Bibliothek verzeichnet diese Publikation in der Deutschen Nationalbibliographie; detaillierte bibliographische Angaben sind im Internet über http://dnb.ddb.de abrufbar.

Fasanenstraße 4, 10623 Berlin

ISBN 978-3-9814310-9-4

»... Es ist gleichgültig, wie wir es bewerten, es wird schwer zu bekämpfen sein: daß die alten Dinge nicht einfach tot sind, daß der Mensch, der Einzelne wie der Volkszugehörige, nicht einfach nur von heute ist. Zwischen den Kräften des Hergebrachten und denen des ständigen Fortbringens, Abservierens und Auslöschens wird es Krieg geben.«

Das war eine Prophezeiung [von Botho Strauß], deren Wahrheit uns heute, mehr als zwanzig Jahre später, längst eingeholt hat. Und es war eine Kampfansage aus konservativem Geist. Zum zwanzigsten Jahrestag der höchst erregten Debatte schrieb Wolfgang Büscher, die linken Intellektuellen hätten das Gefühl gehabt, nun sei es wieder so weit:

»Nun müßten Demokratie und Aufklärung, vulgo 1968, gegen rechts verteidigt werden. Rechts, das Wort war der Skandal. Alles, was rechts war, schien doch historisch überwunden, und nun nahm Strauß das Unwort ganzer Jahrzehnte wieder ungeniert in den Mund. Ausgerechnet er, das setzte dem Skandal die Krone auf. Mitten im Milieu erhob der altrechte Feind sein Haupt, mitten im linksprotestantischen Kulturbürgertum, das die Theater, die Literatur, die Medien der Bundesrepublik so tief geprägt hatte.«

Ulrich Greiner: *Heimatlos. Bekenntnisse eines Konservativen*, Reinbek bei Hamburg 2017, S. 38 f.

Inhalt

Vorwort

Botho Strauß' Essay »Anschwellender Bocksgesang«, der am 8. Februar 1993 im Hamburger Nachrichtenmagazin *Der Spiegel* erschien, gilt als erster gewichtiger rechtsintellektueller Beitrag zum Diskurs im wiedervereinigten Deutschland. Doch weitaus bedeutsamer als die ein oder andere als anstößig empfundene Äußerung war das Weltbild, das Strauß vor seinen Lesern ausbreitete. In ihm schien in Geltung, was die Gegenwart schon zu lange verdrängt hatte, um es in Abrede zu stellen: die unaufgeklärte Vergangenheit, der Mythos. Ihre Wahrheit erschließt sich nur dem, der bereit ist zur Erinnerung (gr. *Anamnesis*). Doch dieses Erinnern ist eine Kunst, es bedarf der Gesänge eines Homer und des Schrifttums einer Nation: Erinnerung ist Dichterpflicht.

Michael Wiesberg verfolgt den Werdegang von Botho Strauß seit Jahrzehnten. Bereits im Dezember 2014 sprach er aus Anlaß des 70. Geburtstages von Strauß in der Bibliothek des Konservatismus. Nun – 25 Jahre nach Erscheinen des »Anschwellenden Bocksgesangs« – zeichnet er diesen wohl bekanntesten Essay in Leben, Werk und Wirken des Schriftstellers und Dramatikers ein.

Dr. Wolfgang Fenske
Bibliotheksleiter
Berlin, am 8. Februar 2018

Bewahrer des Deutschen

Botho Strauß nimmt für sich in Anspruch, ein »nationaler Schriftsteller« zu sein, der »das Deutsche« zu bewahren trachte. Das ist selten genug in einer Zeit, in der sich etliche Angehörige seiner Zunft nur mehr als »Kosmopoliten« oder »Europäer« verstehen. Strauß steht in dem Ruf, ein »elitärer Außenseiter« oder »Reaktionär« zu sein, der nach Meinung seiner Kritiker in seinem im Februar 1993 im *Spiegel* veröffentlichten, heftig diskutierten Essay »Anschwellender Bocksgesang«[1] obendrein dem Gedankengut der Konservativen Revolution verdächtig nahe gekommen sei.

Für diese Einstufung mögen sich in seinem Werk bei einer oberflächlichen Betrachtungsweise manche Belege finden. Unmißverständlich machte Strauß zum Beispiel in seinem Werk *Die Fehler des Kopisten* (1997) deutlich, wie er die deutsche Gesellschaft einschätzt:

> »Ich muß meinen kleinen Sohn[2] in eine Gesellschaft einführen, die ich für verbraucht und debil ansehe. Von der ich nichts anderes erwarte, als daß ihr ein langsames, vielleicht aber auch ein schleuniges Ausbluten bevorsteht.«[3]

Dem heutigen Deutschen beschied Strauß, »ein Auslöscher jeder, aber auch jeder ideellen Kraft zu sein«;[4] er spreche nur noch aus »Faulheit deutsch, die meisten seiner Regungen und Interessen ließen sich besser auf amerikanisch ausdrücken«.[5] »Widerstand gegen die moderne Gesellschaft« sei, so Strauß, »zuletzt kein Widerstand gegen das Kollektiv, sondern gegen einen Mangel an kollektiver Substanz.«[6]

So kann nur einer schreiben, der so gut wie alle Konventionen des deutschsprachigen Literaturbetriebs hinter sich gelassen hat. Wie wurde Strauß zum poetischen Grenzgänger, der unserem »herunterdemokratisierten, formlosen Gesellschaftsbewußtsein«[7] die Diagnose stellt? Um eine Antwort auf diese Frage zu finden, soll im folgenden zunächst ein Überblick über das Werk und den Werdegang von Botho Strauß gegeben werden, in dessen Mittelpunkt der vor 25 Jahren publizierte Essay »Anschwellender Bocksgesang« steht, der im Werk des Dichters zweifelsohne eine Art Scheidepunkt darstellt.

Seinen Lesern macht es der Dichter alles andere als leicht; seine Literatur gilt als hermetisch und Strauß selbst als Autor, der feste Standpunkte eher meidet und in seinen Positionen zu schwanken scheint. So stellt zum Beispiel Herwig Gottwald fest:

> »Ein Grundzug des Schreibens von Strauß, der bisher in fast allen Bereichen festzustellen war, ist das permanente antithetische Unterlaufen der eigenen Positionen, das ständige ›Schwanken‹ ...«[8]

Mit Blick auf seine Theaterstücke ist festzuhalten, daß sie oft einen stringenten Aufbau vermissen lassen und häufig in Einzelstücke zerfallen, die unverbunden sind. Dazu kommt nicht selten eine starke Aufladung mit mythischen und übersinnlichen Motiven, was Strauß seitens der Kritik den Vorwurf eingetragen hat, seine Theaterstücke inhaltlich zu überfrachten.

Grundlegend für das Verständnis und die Einordnung des Werkes von Botho Strauß bleibt indes eine Gegenwartsauffassung, die, so Christian Walter, »maßgeblich vom Individuum als aufgelöstem Ich in der Gefangenschaft einer totalen Diesseitigkeit« ausgeht.[9] Von diesem Ausgangspunkt aus nutzt Strauß seine Theaterstücke und seine Erzählungen bewußt als »Raum für Remythisierung« oder »Mythenaktualisierung«. Die Verknüpfung von Aktuellem mit alten Mythen oder Weltdeutungsmodellen ist nach Anja Maria Richter der Versuch, dem modernen Subjekt-, Geschichts- und Sinnverlust »mit historischem Bewußtsein« zu begegnen und die Gegenwart als »geschichtlich gewordene« in den Blick zu nehmen.[10]

Hier wären auch die Wurzeln der Straußschen Gegenwarts- oder auch Aufklärungskritik, aber auch sein Verständnis von Dichtertum zu verorten. Strauß selbst sieht sich in diesem Zusammenhang im übrigen als »Transporteur« und nicht als »Neuerer«, wie er Ulrich Greiner gegenüber bekannte. Vielleicht sei heute, so Strauß, »der Transporteur der Neuerer, das kann schon sein. Ich habe mich immer als einen empfunden, der durchdrungen ist von dem, was war, und es weiterträgt.«[11] Diese Positionierung hat er auch mit Blick auf seine eigene Biographie, insbesondere auf seine Herkunft, geltend gemacht, die im folgenden nachgezeichnet werden soll.

Das Herkommen oder: Eine Jugend im »Kaiserbad« Bad Ems

Botho Strauß ist Sohn des Chemikers, Pharmazeuten und Medizinpublizisten Eduard Strauß (1890–1971), der in Naumburg – wo Strauß 1944 geboren wurde – Mitinhaber einer pharmazeutischen Firma war. Nach dessen Enteignung flüchtete er 1950 nach Remscheid und lebte dann mit seiner Familie in Bad Ems.

Auf die Welt seiner Kindheit kommt Botho Strauß vor allem in seinem Buch *Herkunft* (2014) zu sprechen. Zuvor gab es nur sporadische biographische Hinweise auf die Welt seiner Kindheit, so zum Beispiel in *Paare, Passanten*. Hier weist Strauß auf das Haus seiner Kindheit hin, und zwar in den Prosaskizzen von *Paare, Passanten*:

> »Herkunftsort. Ich ging in meiner Landschaft, daheim, hoch und runter an den Hängen und über die Höhenfelder des Westerwalds, oberhalb des engen Tals der Lahn, an deren anderem Ufer der Taunus beginnt. Hinter dem Elternhaus führt jetzt steil aufwärts eine Schneise, ein gräßlich gelichteter Streifen durch den Kindswald, darin verkehrt eine computergelenkte Bergbahn, die unsere Kurgäste aus dem Städtchen schnell hinauf in die Höhenluft und zu einem neuen großen Krankenhauskomplex befördert.«[12]

In *Herkunft* gibt Strauß einen präzisen Hinweis auf das Haus seiner Kindheit, das er dann für immer verlassen sollte:

> »Römerstraße achtzehn, dritter Stock. In helles Mit-

> tagslicht getaucht noch einmal die flußseitigen Zimmer der Wohnung, bevor ich sie für immer verlassen werde, hell wie an den Tagen der beginnenden Unruhe, da ich hastig durchs Treppenhaus lief …«[13]

Im Mittelpunkt von *Herkunft* steht der Vater, der zur Misanthropie neigte und den Tag vor allem am Schreibtisch zubrachte, wo er vor allem pharmazeutische Gutachten verfaßte. Er gibt eine Zeitschrift heraus, die er in Gänze selbst verantwortet; der Mutter bleibt es vorbehalten, die Kopien an einen schrumpfenden Leserkreis zu verschicken. Vater Strauß hat eine Vorliebe für Ortega y Gasset und dessen Buch *Aufstand der Massen.* Hier versuchte er sogar, seine Frau einzubeziehen:

> »Der Philosoph, dem er am meisten folgen konnte, war – damals weiß Gott nicht außergewöhnlich – Ortega y Gasset. ›Li, hör mal zu‹, sagte er zu meiner Mutter abends, wenn sie nebeneinander auf dem Eßzimmersofa saßen, sie mit einer Illustrierten, der Vater mit dem *Aufstand der Massen.* Dann las er eine Seite vor und versuchte die Mutter mit etwas anspruchsvolleren Gedanken zu beschäftigen. Darüber kamen sie beide in ein Sinnieren und Vermuten über allerlei berufliche und familiäre Dinge.«[14]

Daß sein Vater auf Konventionen achtet, stets Anzug und Weste trägt und in seinem Krawattenknoten eine Nadel mit Perle trägt, goutiert dessen Sohn keineswegs; er hätte ihn gern unauffälliger:

> »Dies war damals schon aus der Mode, und ich fand es

> so affig und eitel, daß ich häufig gegen diese Marotte protestierte. Ich wollte meinen Vater gewöhnlicher haben, er sollte nicht auffallen, nicht vornehm sein, sondern ein schmuckloser Mensch von heute.«[15]

Dennoch läßt er keinen Zweifel daran, daß der Vater für ihn da war und daß es ihm auch als Heranwachsender wichtig war, daß wenigstens hin und so etwas wie eine intellektuelle Übereinstimmung mit seinem Vater herrschte:

> »Obwohl ich als Heranwachsender für ihn kein Verständnis aufbrachte und er für meine Zeit nicht, habe ich immer versucht, bedürftig, begierig versucht, ihn zu einer Übereinstimmung wenigstens mit einigen der Bücher zu bewegen, an denen mein Herz hing. Wenn mir dies hin und wieder gelang, wenn zum Beispiel ein Stück von Brecht seine Anerkennung fand, kamen mir die Tränen vor Glück, vor sieghafter Harmonie. Als ließe sich doch zwischen uns alles einen …«[16]

Vor der Dominanz des Vaters verblassen Mutter und Großmutter, die auffällig konturlos bleiben. »Es gab [zu Hause] ein sehr bedachtes Sprechen«, bekannte Strauß gegenüber Volker Hage und ergänzte:

> »Ich habe keine schlampige Sprache zu Hause gehört. Ich habe mich dem allerdings widersetzt und lange den Mist hochgehalten, der mir gefiel. Es gab ja auch die Klassiker als Comics, ich habe ›Romeo und Julia‹ nicht bei Shakespeare kennengelernt, sondern zunächst mit Sprechblasen.«[17]

Auch wenn er seinen Vater als Kind lieber anders gewollt hätte, stellt Strauß im Rückblick fest, daß er ihm immer ähnlicher geworden ist:

> »Man altert, trotz der sozialen Bedeutungslosigkeit von Tradition, immer noch geradewegs in das hinein, was man einst als rettungslos veraltet empfand.«[18]

Reinhard Pabst konnte erhellen, wie stark die Eindrücke, die der junge Botho Strauß in Bad Ems sammelte, in sein Werk Eingang fanden,[19] sei es nun das Vorbild für die Figur des Kalldewey in seinem 1982 uraufgeführten Theaterstück »Kalldewey, Farce«, die Figur des Bekker in dem Roman *Rumor* (1980) oder auch Richard Schroubek in der Erzählung *Die Widmung* (1977). Sie alle haben offenbar reale Vorbilder in Bad Ems, dem einmal so berühmten »Kaiserbad«, das »nach den besseren Zeiten dann gleich die ganz gewöhnlichen gesehen hatte, in denen Sozialverschickte aus dem Ruhrgebiet ihren Bronchialkatarrh und ihre Kreislaufstörungen kurierten«.[20]

Nach dem Schulbesuch studierte Strauß einige Semester Germanistik, Theatergeschichte und Soziologie in Köln und München. In den späten 1960er Jahren arbeitete er zunächst als Redakteur und Theaterkritiker der Zeitschrift *Theater heute.*

Eine begonnene Doktorarbeit über »Thomas Mann und das Theater«[21] beendet er nicht, und auch die Idee, Schauspieler zu werden, verwirft er. Maßgeblich dafür soll die Lektüre Adornos gewesen sein. »Die Lektüre lähmte ihm die Glieder«, berichtet Volker Hage. »Plötzlich hatte er Angst vor dem öffentlichen Auftritt. Diese Scheu hat Botho

Strauß bis heute nicht überwunden.«[22] Strauß hasse »Lesetouren, verabscheut Fernsehkameras und redet am liebsten, wenn überhaupt, unter vier Augen«.

In einem Gespräch mit Ulrich Greiner läßt Strauß auch durchblicken, daß er an seiner »Geselligkeitsaskese« leidet; er fragt sich, ob er dafür disponiert sei,

> »ein solistisches Dasein zu führen. Entweder findet man sich mit dem selbst gewählten Eremitentum ab, oder man spürt, und das ist bei mir der Fall, ständig den Mangel. Man lebt die Geselligkeitsaskese und wünscht, daß es anders wäre. Daraus entsteht eine Überempfindlichkeit bei der Berührung mit anderen Menschen. Wobei diese Überempfindlichkeit zu gewissen Übertreibungen führt, die aber manchmal besser dazu taugen, die Wahrheit aufzuspüren.«[23]

Mit wieviel Verzicht diese »Geselligkeitsaskese« verbunden sein kann, ließ Strauß in einem Gespräch mit Henriette Herwig durchblicken: Das Leben von Botho Strauß, so Herwig, sei

> »voll von Verzicht. Das merkt man ihm an, und das prägt seine Wahrnehmung von Menschen. Freunde hat er nur wenige. Es sind vor allem Schauspieler, Dramaturgen und Regisseure der Berliner Schaubühne. Der Dramatiker arbeitet bis zu zwölf Stunden am Tag. Er teilt seinen Berufsalltag – wie er sagte – in Produktions- und Rezeptionsphasen ein: tagsüber, wenn er frisch sei, schreibe er; nach dem Nachtessen ziehe er es vor zu lesen.«[24]

Ein »Sonderling«, der die »Verluste« zählt

Strauß selbst hat sich einmal als »Sonderling« bezeichnet, der die »Verluste« sehe und »zähle«.[25] Sein Schreiben sei kein »Rückzug«, sondern »ein Nachvorneschreiben«.[26] Der Begriff »Nachvorneschreiben« impliziert einen dynamischen Prozeß, in den unterschiedlichste Haltungen, Themenkreise und Wertungen eingehen.

Strauß hat durchblicken lassen, daß er an der Berliner Schaubühne auch Feldstudien für seine Theaterstücke betrieben hat, wenn er anmerkt:

> »Das Theatermilieu zeigt mir viel vom Menschen. Ich verfolge sie nicht in ihrer Entwicklungsgeschichte, sondern erlebe sie in ihren gegenwärtigen Vernetzungen in unzähligen Arbeits-, Wohn- und Freundesgruppen, beziehungsreich, doch bindungsarm. Und diese Vernetzungen sind am Theater eben besonders ausgeprägt: jeder muß sich mit jedem in immer wieder anderen Rollen auseinandersetzen. Nichts ist von Dauer.«[27]

Zu den Leitfiguren jener Zeit gehört im übrigen nicht nur Adorno, wie Strauß betont. Ernst Blochs »Prinzip Hoffnung« habe er gelesen »wie eine Bibel«.[28] »In meiner intellektuellen Erziehung«, so Strauß resümierend, »hat halt die dialektische Schule eine große Rolle gespielt. Man las alles von [Walter] Benjamin und verschaffte sich mit einem Zitat das entsprechende Fluidum.«[29] Neben diesen Vertretern der »dialektischen Schule« waren es in dieser Zeit vor allem Essayisten oder Philosophen wie Cioran, Paul Valéry, Maurice Blanchot oder Gaston Bachelard,[30] die Strauß, so Hage, beeindruckt haben.

Zur Neugründung der Berliner Schaubühne am Halleschen Ufer wird er 1970 nach Berlin geholt, wo er bis 1975 tätig ist. Die »politisierte Streitkultur der Ensembleversammlungen der jungen Schaubühne« veranlaßte ihn laut Thomas Oberender,[31] das Angebot, im Direktorium des Theaters mitzuarbeiten, abzulehnen. Seine beruflichen Pläne schienen sich damit zu zerschlagen; eine Rückkehr zu *Theater heute* war unmöglich. Botho Strauß ging wieder nach Bad Ems, um dort als freier Autor zu arbeiten. Peter Stein gab dem Ganzen eine neuerliche Wendung, als er Strauß einige Zeit später einlud, als freier Produktionsdramaturg für seine »Peer Gynt«-Inszenierung an der Schaubühne zu arbeiten.

Strauß fängt in dieser Zeit an, selber Theaterstücke zu schreiben. Mit der Veröffentlichung seiner Prosaarbeiten tut er sich allerdings schwer. Zeitschriften wie *Akzente*, so schreibt Volker Hage, schickten seine Arbeiten wieder zurück.[32]

Am 22. November 1972 kommt Strauß' erstes Theaterstück »Die Hypochonder« am Deutschen Schauspielhaus Hamburg unter der Regie von Claus Peymann zur Aufführung, das auf eine zwiespältige Resonanz stieß. Strauß präsentiert hier eine Mischung aus Liebes- und angedeuteter Kriminalgeschichte, die in einem imaginären Amsterdam um die Jahrhundertwende spielt. Eine Frau, die zu Beginn gerade einen Mord begangen hat (oder vielmehr meint, diesen begangen zu haben), wird am Ende vom (mutmaßlichen) Geliebten in Gestalt seines Vaters umgebracht. Was

Wirklichkeit und was Einbildung ist, bleibt durchweg unklar, ein Schwebezustand, der für Strauß typisch bleiben wird. Strauß' Intention, mit diesem Stück auch neue Dimensionen der Wahrnehmung zu erschließen, stieß zu diesem Zeitpunkt noch weitgehend auf Unverständnis.

Der Durchbruch: »Bekannte Gesichter, gemischte Gefühle«

Seine 1974 zur Aufführung gebrachte Komödie »Bekannte Gesichter, gemischte Gefühle«, deren Titel zum geflügelten Wort werden sollte, brachte dann den Durchbruch; er erhielt den Dramatikerpreis der Stadt Hannover. Im Mittelpunkt des hier entworfenen Panoptikums »bundesdeutschen Neurosenbürgertums« (*tip Berlin*) stehen drei Ehepaare in einem abgelegenen Hotel, die untereinander alle schon einmal liiert waren. Stefan (verheiratet mit Doris), dem das Hotel gehört, will es verkaufen und bringt damit die Gruppe in Aufruhr. Günther (verheiratet mit Hedda), die dominante Person im Haus, bildet mit Doris ein Amateurtanzpaar. Dieter (verheiratet mit Margot) arbeitet im Innenministerium. Ergänzt wird das Sextett von Karl, der von einem der Männer mit dem Auto angefahren wurde und seither Dauerpflegegast im Hotel ist, das Strauß als eine Art Schauplatz oder Museum für erloschene Gefühle vorführt. Doris und Günther können über den Tanz noch eine gewisse Nähe herstellen, die allerdings endet, als Doris im Training stürzt. Sie wird von einer apparathaft wirkenden Doppelgängerin ersetzt. Allerdings kehrt die echte Doris zurück und eröffnet Stefan, sie sei schwanger, bereit für eine neue

Existenz. Am Ende der Turbulenzen begeht Stefan Selbstmord, bezeichnenderweise in einer Kühltruhe. Von der *Zeit* als »traurig-genaue Spießbürgerkomödie« apostrophiert, wird hier das Nichtgelingen von Beziehungen inmitten von Leistungsstreß, Konkurrenz und Selbstverlust vorexerziert.

Auf Strauß' Durchbruch als Theaterdramatiker folgen die Uraufführungen so bekannter und erfolgreicher Theaterstücke wie »Trilogie des Wiedersehens« (1977), »Groß und Klein« (1978) oder »Kalldewey, Farce« (1982), mit denen er die »Höllenfahrt durch den BRD-Alltag«[33] fortsetzt. Seine Themen umkreisen die Verwirrung der Gefühle, den Zerfall des individuellen Bewußtseins, scheiternde Kommunikation und die vergebliche Suche nach Glück, was sich auch in der 1978 veröffentlichten Erzählung *Die Widmung*, die den Förderpreis des Schillerpreises des Landes Baden-Württemberg erhielt, und in dem zwei Jahre später publizierten Roman *Rumor* (1980) widerspiegelt.

Im Mittelpunkt der Erzählung *Die Widmung* steht der bereits erwähnte Buchhändler Schroubek, der, von seiner Lebensgefährtin Hannah verlassen, das Leben in der Einsamkeit protokolliert. Seine Aufzeichnungen will er Hannah irgendwann zur Lektüre vorlegen. Die Niederschrift wird mehr und mehr zur Obsession, um die Schroubeks ganzes Leben kreist. Er verwahrlost zunehmend. Tatsächlich kommt es dann doch noch zur Übergabe seiner Notizen, die aber aus der Sicht von Schroubek in einem Desaster endet: Hannah hat die Aktentasche mit seinen Aufzeichnungen im Taxi liegengelassen; diese wird ihm von einem Wirt in einem Lokal übergeben, wo sie abgegeben worden war.

Stefan Willer[34] hat in seiner Einführung zu Botho Strauß darauf hingewiesen, daß Strauß in dieser Erzählung im wesentlichen Kurznotate aneinanderreihe: »Schriftreflexionen, Alltagsreste, TV-Protokolle und Erinnerungen«. Außerdem durchzögen »ausdrückliche Lektürespuren des Lesers Richard [Schroubek]« den Text. Willer kommt zu dem Ergebnis, daß Strauß' Erzählungen und Romane »hochgradig theoriebewußt« seien, und zwar in einem Maße, »das sie manchen geradezu als Germanistenprosa erscheinen lassen mag«.[35] Dieses Theoriebewußtsein ist vor allem der Kritischen Theorie und hier insbesondere Adorno verpflichtet.

Das bundesdeutsche »Neurosenbürgertum«

Wie in der *Widmung* steht auch in *Rumor*, Strauß' erstem Roman, eine Art Verfall; diesmal ist es die Lebenskrise des Intellektuellen Bekker. Im Mittelpunkt steht die Beziehung zu seiner erwachsenen Tochter Grit, zu der er seit der Scheidung von seiner Frau keinen Kontakt mehr hatte. Grit beschließt, ihren Vater vorübergehend bei sich aufzunehmen; ihr ist die Wohnung seit dem Auszug ihres Lebensgefährten Joseph zu groß geworden. Die Beziehung zu ihm, einem »Softie« mit althippiehaften Zügen, war innerhalb eines Jahres »ermüdet«:

> »Joseph, an der Landesbildstelle Archivar, ein ewig dämmernder, unersättlicher Plattenhörer, hatte sie ermüdet binnen eines Jahres, einfach durch zuviel Frieden. Er war in allem gelind und weich, gab nie Widerstand, höchstens mal ein Achselzucken, wenn ihm was

nicht paßte. Obschon älter als Grit, wirkte er doch auf eigentümliche Weise zurückgeblieben. Er hatte sich fest eingemummelt in seine weinrote Samthose, seine mit bunten Seidenblumen und allerlei Flicken bestickte Jacke, in die schulterlangen, aufgelockten Haare, in die ganze selige Gutmütigkeit der frühen Jahre.«[36]

Bekker zieht bei seiner Tochter ein, die feststellen muß, daß sich ihr Vater, den sie als scharfsinnigen Geist in Erinnerung hatte, verändert hat. Er ist nicht nur älter geworden, sondern geistig oft abwesend, zerstreut und spricht dem Alkohol zu. Um den Zustand ihres Vaters zu bessern, beschließen beide, einen ausgedehnten Urlaub in Österreich zu machen, der allerdings wegen einer dringlichen Operation Grits vorzeitig abgebrochen werden muß. Bekker sieht nun die Chance gekommen, die Vernachlässigung seiner Tochter wiedergutzumachen; spürt aber, daß er sich insgeheim nach mehr sehnt, nämlich nach einer Affäre mit seiner Tochter.

Rumor, undeutlicher Lärm, Unordnung; das ist es, was Bekker im Kopf spürt. Ihm behagt das, könnte es doch die petrifizierten Ordnungen auseinandersprengen:

»Die Unordnung, die immer noch unterdrückte Rede des Ganzen, ein Rumor bloß, aber überall stärker hervordringend. Wenn die erst laut wird, wenn gar nicht mehr regiert und geregelt werden kann und Anarchie die Wirklichkeit ist, dann wird der einzelne zuerst unter wuchtigem Druck taumeln, und es wird ihm der Geschichtssinn platzen wie ein Trommelfell ...«[37]

1981 folgen, in Form und Aufmachung an Theodor W. Adornos *Minima Moralia* erinnernd,[38] *Paare, Passanten*, eine Montage fragmentarischer Prosablöcke, in der Strauß ein zentrales Thema seiner Arbeit wohl am nuanciertesten auf den Punkt bringt: den Menschen in einer desolaten Konsum- und Freizeitgesellschaft. Strauß erweist sich hier einmal mehr als genauer Diagnostiker bundesdeutscher Seelenlagen.

Mit einem gewissen Amüsement nimmt man heute zur Kenntnis, daß Strauß' kulturpessimistische Fragmente *Paare, Passanten* im damaligen Leitorgan der Bundesrepublik, dem *Spiegel*, abqualifiziert wurden: Es handle sich bei Strauß, so die Meinung eines *Spiegel*-Kritikers, um einen reinen »Mode-Autor« mit »Ärmelschoner-Vokabular«.[39] Andere, wie zum Beispiel Peter von Becker, wollten in Strauß vor allem einen »Adepten Adornos« sehen, der »die *Minima Moralia* der achtziger Jahre«[40] verfaßt habe. Das ist bis zu einem gewissen Grad zutreffend, übersieht aber, daß diese Fragmente bereits eine Metamorphose im Denken Strauß' deutlich machen. Bis hierhin bewegte er sich *grosso modo* im kultursoziologischen Denken der Frankfurter Schule und richtete sich an der ästhetischen Theorie Adornos aus.[41]

Der Dichter und die »Neue Subjektivität«

Nun vollzog Strauß den Sprung aus der »systemkritischen«, »politisch engagierten« hin zu einer psychologisch ausgerichteten Literatur, die das Individuum und seine seelischen

Verletzungen in den Mittelpunkt rückte. Marcel Reich-Ranicki etikettierte die Prosa, die aus diesem Geist erwuchs, als »Neue Subjektivität« oder »Neue Innerlichkeit«; hierfür wird bei Strauß unter anderem seine Erzählung *Die Widmung* aus dem Jahre 1980 genannt.

Mit Blick auf *Paare, Passanten* wird immer wieder die Straußsche Einlassung: »Ohne Dialektik denken wir auf Anhieb dümmer; aber es muß sein: ohne sie!«[42] angeführt, die als vorsichtige Absetzbewegung vom dialektischen Denken bewertet wird. Strauß' Schaffen richtete sich nun zunehmend an den Denkrichtungen der Romantik aus, reflektiert aber auch Kritik an der Sprache als Ausdrucksmittel, wie sie zum Beispiel Hofmannsthal in seinem *Chandos-Brief* vorgetragen hat, und die Suche nach neuen Ausdrucksformen der Poetik.

Der *Chandos-Brief* kann als eine der Gründungsurkunden der modernen Literatur eingestuft werden und ist als eine Art »Manifest der Sprachkritik«[43] in die Geschichte eingegangen. In der Figur des Lord Chandos sind zweifelsohne autobiographische Züge des Dichters Hugo von Hofmannsthal zu orten, der ebenso wie sein Protagonist ein hochgelobtes Frühwerk geschaffen hat. Der Brief markiert eine Art Wende in der Vita des Dichters: Ähnlich wie andere Schriftsteller seiner Zeit bezweifelt auch Hofmannsthal, daß Realität objektiv erfaßbar und mittels Sprache und Literatur beschreibbar sei. Dieser Zweifel findet auch im Werk von Botho Strauß vielfältig Niederschlag, wie im folgenden Kapitel deutlich gemacht werden soll.

Die »Erosion der Verständigung« oder der Verlust authentischen Sprechens

In seinen Prosa-Fragmenten »Paare, Passanten« findet sich die Feststellung, daß das heutige Ich »jeder transzendentalen ›Fremd‹-Bestimmung beraubt« sei bzw. »heute nur noch als ein offen Abgeteiltes im Strom unzähliger Ordnungen, Funktionen, Erkenntnisse ... in so vielen in sich plausiblen Diskursen existiert, daß daneben jede Logik und Psycho-Logik des Einzelnen absurd erscheint. Das totale Diesseits enthüllt uns sein pluralistisches Chaos«.[44]

Welche dramaturgischen Konsequenzen diese Einsicht entfaltet, veranschaulichen exemplarisch Strauß' frühe Theaterstücke »Trilogie des Wiedersehens« und »Kalldewey, Farce«, aber auch der bereits angesprochene Roman *Rumor* oder die die Erzählung *Die Widmung*, die um folgende Hauptthemen kreisen: Zerfall des individuellen Bewußtseins, Gefühlsverwirrung, Scheitern der Kommunikation und unerfüllte Glückssuche. Die auf der Bühne vorgeführten Beziehungen haben einen volatilen, unterkühlten Charakter; exemplarisch dafür mag das Theaterstück »Trilogie des Wiedersehens« stehen.

Schauplatz des Dramas, das im Sommer 1975 spielt, sind die Ausstellungsräume eines Kunstvereins, in dem sich eine Reihe von Personen zu einer Vorbesichtigung der Gemäldeausstellung »Kapitalistischer Realismus« treffen. Die 42jährige Susanne, die als »müde und einfühlsam, wißbegierig gleichgültig, erstaunt erschöpft, nachdenklich dumm« charakterisiert wird, steckt in einer persönlichen Krise, die sich in einem »dialogischen Monolog« mit Moritz, dem 37jährigen Direktor des Kunstvereins und Ausstellungsmacher, widerspiegelt. »Wenn ich in den Spiegel sehe«, so erklärt Susanne, »so finde ich nichts, was nicht auch in tausend anderen Gesichtern zu finden ist.«[45] Moritz nimmt diese Selbstbekundung zum Anlaß, über die krisenhaften Lebensumstände der anderen Gäste zu erzählen, die ihre Lebenssituation nicht in eigene Worte fassen könnten. Sie sind zwar auf der Suche nach Glück, aber unfähig, den anderen überhaupt wahrzunehmen. Kunst dient vor diesem Hintergrund bestenfalls als Aufhänger, sich zu treffen. Der Versuch von Moritz und der Arztfrau Ruth, sich diesem Umfeld zu entziehen, endet kläglich. Resigniert stellt Moritz fest:

> »Alle diese individuellen Ansichten, Standpunkte, Rechthabereien, tausend verschiedene Meinungen laufen wie quellfrische Wildbäche aus allen Richtungen zusammen und münden am Ende doch in einer stinkenden Kloake einer gigantischen, idiotischen, durch nichts mehr zu erschütternden, mit unzähligen Widersprüchen vollgestopften Meinungslosigkeit.«[46]

Mißlingende Kommunikation, die durch gegenseitiges Unverständnis, stockendes Sprechen oder Konversationsabbruch zum Ausdruck kommt, aber auch Konversationsphrasen, die an die Stelle authentischen Sprechens treten, davon ist Strauß' »Trilogie des Wiedersehens« geprägt. Moritz bringt diese Atmosphäre wie folgt auf den Punkt und gerät dabei ins Stocken:

> »Meine Ausstellung – es fehlen die Zusammenhänge, heißt es. Mag sein. Wo gibt es schon Zusammenhän-

ge, mein Gott? ... Ich dachte, das zeige ich jetzt den Leuten in krasser Form, daß keiner irgend etwas mit dem anderen zu tun hat, und damit schaffe ich eine bestimmte Bewußtseins- ... Bewußtseins ...«[47]

»Erosion der Verständigung« nannte Stefan Willer den Grundakkord in Strauß' frühen Theaterstücken, der auch darauf verweist, daß dessen erstes Theaterstück, »Die Hypochonder«, mit dem *Chandos-Brief*[48] von Hugo von Hofmannsthal zusammenfällt, der um den Zerfall von Wahrnehmung und Erkenntnis und der daraus resultierenden Unfähigkeit zu einer zusammenhängenden Rede kreist:

> »Es zerfiel mir alles in Teile, die Teile wieder in Teile, und nichts mehr ließe sich mit einem Begriff umspannen. Die einzelnen Worte schwammen um mich; sie gerannen zu Augen, die mich anstarrten und in die ich hineinstarren muß: Wirbel sind sie, in die hinabzusehen mich schwindelt, die sich unaufhaltsam drehen und durch die hindurch man ins Leere kommt.«[49]

Der Autor des Briefes ist der fiktive Dichter Philipp Lord Chandos, der im Jahre 1603 an seinen älteren Mentor, den Philosophen und Naturwissenschaftler Francis Bacon – Verfasser einer der großen Staatsutopien der Renaissance, der *Nova Atlantis* –, schreibt. Der gefeierte junge Poet steht in einer Schaffenskrise; er spricht von einem »brückenlosen Abgrund, [der ihn von seinen Dichtungen trenne,] und die ich, so fremd sprechen sie mich an, mein Eigentum zu nennen zögere«.[50]

Sein ursprüngliches Verständnis von Dichtung charakterisiert Lord Chandos zunächst wie folgt: Kern seiner Dichtung war die Form,

> »die Erkenntnis der […] tiefen, wahren, inneren Form, die jenseits des Geheges der Kunststücke erst geahnt werden kann, die, von welcher man nicht mehr sagen kann, daß sie das Stoffliche anordne, denn sie durchdringt es, sie hebt es auf und schafft Dichtung und Wahrheit zugleich […]. Dies war mein Lieblingsplan.«[51]

Und:

> »Mir erschien damals in einer Art von andauernder Trunkenheit das ganze Dasein als eine große Einheit: geistige und körperliche Welt schien mir keinen Gegensatz zu bilden, ebensowenig höfisches und tierisches Wesen, Kunst und Unkunst.
> … es ahnte mir, alles wäre Gleichnis und jede Kreatur ein Schlüssel der andern …«[52]

Diese Poetik, aufbauend auf der Einheit von Natur und Kunst, Körper und Seele oder Sprache und Empfindung, ist nun Vergangenheit, weil diese Einheiten dauerhaft zerrissen sind. Die Sprachkrise, die im »Chandos-Brief« zum Ausdruck kommt, ist auch und vor allem eine Bewußtseinskrise:

> »Mein Fall ist in Kürze dieser: Es ist mir völlig die Fähigkeit abhanden gekommen, über irgend etwas zusammenhängend zu denken oder zu sprechen. […] Ich empfand ein unerklärliches Unbehagen, die Worte »Geist«, »Seele« oder »Körper« nur auszusprechen, [denn] die abstrakten Worte, deren sich doch die Zunge naturgemäß bedienen muß, um irgendwelches Ur-

teil an den Tag zu geben, zerfielen mir im Munde wie modrige Pilze.«[53]

Im *Chandos-Brief* kommt die Sprachskepsis, das Empfinden der Unzulänglichkeit der Sprache, das immer wieder auch im Straußschen Werk reflektiert wird, wohl am nachhaltigsten, auch im Hinblick auf die Wirkungsgeschichte des Briefes, zum Ausdruck. Diese Sprachkrise ist Ausdruck einer Bewußtseinskrise, die durch die Dissoziation der Lebenszusammenhänge gekennzeichnet ist.

In *Beginnlosigkeit* spricht Strauß den *Chandos-Brief* und die oben angesprochenen Zusammenhänge direkt an, konstatiert aber auch deren Überholtheit angesichts »unablässiger Weltbildstürze«:

»Nun, das Schema der Bewußtseinskrise ist wohl an sich schon ein überholtes, parodiert von einer Sintflut unablässiger Weltstürze. Krise ist immer. Ein Chandos, ein Monsieur Teste oder andere Pilotfiguren des modernen Bewußtseins, sie sind ja rührende Kamingäste des Geistes angesichts des gestaltlosen Ungeheuers von zuviel neuem Sinn, zuviel sinnversprechender Literatur, das uns von allen Seiten anschnaubt.
... Wir haben die Alltäglichkeit der kopernikanischen Wende erreicht: heute ein neues Weltbild in der Physik, morgen ein neues Menschenbild der Neurobiologie, übermorgen die Auflösung der Erde in einem neuen Erkenntnisraster der Geologie ...«[54]

Nur en passant sei vor dem Hintergrund des letzten Zitates auf die fundierten Kenntnisse Strauß' im Hinblick auf eine Reihe von naturwissenschaftlichen Theorien und Modellen verwiesen, so zum Beispiel bei seiner Rezeption der Relativitätstheorie, Quantentheorie, Kybernetik sowie der »Steady-State«- und »Viele-Welten«-Theorie. Da die Darstellung dieser Rezeption den Rahmen dieser Arbeit sprengen würde, sei hier pauschal auf die umfassende Darstellung der Rezeption von Zeit und Naturwissenschaften und deren ästhetische Gestaltung bei Botho Strauß durch Stefan Büdenbender verwiesen.[55]

Der »Anschwellende Bocksgesang« und seine Themenkreise – eine bewußte Inszenierung?

Trotz gelegentlicher kritischer Zwischentöne blieb Strauß zunächst der gefeierte Star der Feuilletons, der sich vor Preisen kaum retten konnte: 1987 erhielt er für seine Erzähl-Fragmente *Niemand anderes* den Jean-Paul-Preis. Es kommen Theaterstücke wie »Besucher« (1988), »Die Zeit und das Zimmer« (1989), »Schlußchor« (1991) oder »Das Gleichgewicht« (1993) zur Aufführung, gleichzeitig erscheinen seine Bücher *Kongreß. Die Kette der Demütigungen* (1991), *Fragmente der Undeutlichkeit* (1991) sowie *Beginnlosigkeit. Reflexionen über Fleck und Linie* (1992).

Für sein Werk wird Strauß 1989 mit dem Georg-Büchner-Preis der Deutschen Akademie für Sprache und Dichtung ausgezeichnet, der als renommiertester deutscher Literaturpreis gilt. Der Dichter gibt hier einen schlagendes Beispiel seiner konsequenten Meidung jeglicher Öffentlichkeit: Seine Dankesrede wird in seiner Abwesenheit verlesen.

Die Preissumme von 60000 D-Mark stiftet er für ein Literaturprojekt, das Hans Henny Jahnns monumentalem Werk *Fluß ohne Ufer* mehr Leser verschaffen sollte.

Im Februar 1993 kommt es dann mit der Veröffentlichung seines inhaltlich hochkomplexen Essays »Anschwellender Bocksgesang« zu einem markanten Einschnitt. Der Germanist Stefan Willer brachte diesen Wendepunkt in seiner im Jahre 2000 erschienenen Einführung in das Werk von Botho Strauß wie folgt auf den Punkt:

> »Jede auch nur oberflächliche Beschäftigung mit dem Schriftsteller Botho Strauß [sieht sich] mit einer Formel konfrontiert, die Standardassoziation, Etikett und Drohwort in einem ist: Anschwellender Bocksgesang.«[56]

Dieser Essay, der in einer gekürzten Fassung am 8. Februar 1993 im Hamburger Wochenmagazin *Der Spiegel* erschien, führte in den Feuilletonspalten deutschsprachiger Zeitungen zu heftigen Reaktionen, die zum großen Teil ablehnender oder polemischer Natur waren. Das Ausmaß der Erregung, das Strauß bei der »kritisch-sozialen Intelligenz« auslöste, kam nicht von ungefähr, vermerkte Strauß doch unter anderem:

> »Rechts zu sein, nicht aus billiger Überzeugung, sondern von ganzem Wesen, das ist, die Übermacht einer Erinnerung zu erleben, die den Menschen ergreift, weniger den Staatsbürger, die ihn vereinsamt und erschüttert inmitten der modernen, aufgeklärten Verhältnisse, in denen er sein gewöhnliches Leben führt.«[57]

Die »Übermacht einer Erinnerung zu erleben«, ist für Strauß ein

> »Akt der Auflehnung: gegen die Totalherrschaft der Gegenwart, die dem Individuum jede Anwesenheit von unaufgeklärter Vergangenheit, von geschichtlichem Gewordensein, von mythischer Zeit rauben und ausmerzen will.«[58]

Sein »Bocksgesang« liest sich in vielen Passagen wie eine Absage an die Nachkriegsintelligenz der Bundesrepublik und ihrer linkskritischen »Thersites-Kultur«. Thersites, eine Figur aus Homers »Ilias«, aus niederem Geschlecht stammend und von der Oberschicht verachtet, war der häßlichste Mann, der vor Troja kämpfte. Von dieser Art, so Strauß, seien die kulturellen Hervorbringungen der deutschen Nachkriegsintelligenz, die Dichtung durch Sozialkritik ersetzt habe. Ihre Leistung: die »Verhöhnung des Eros, die Verhöhnung des Soldaten, die Verhöhnung von Kirche, Tradition und Autorität«. Prophetischer denn je lesen sich vom heutigen Standpunkt aus folgende Worte:

> »Zwischen den Kräften des Hergebrachten und denen des ständigen Fortbringens, Abservierens und Auslöschens wird es Krieg geben.«[59]

Diese »Intelligenz« schlug auf genau die Weise zurück, die zu erwarten war. Der Dichter und gefeierte Theaterdramatiker Botho Strauß, bis dahin über Jahre hinweg das »liebste Kind« der Kritik, eine »Kultfigur der kleinen deutschen Literaturwelt«,[60] wie ihn der Literaturkritiker Volker Hage charakterisierte, war ganz offensichtlich in Ungnade gefallen, wurde doch das, was im *Spiegel* von ihm zu lesen war, als konservative Kampfansage gegen die linksintellektuellen Konventionen der alten Bundesrepublik gelesen. Monatelange heftige Auseinandersetzungen in den Feuilletons waren die Folge. Diese Streitigkeiten entzündeten sich unter anderem an Strauß' positiver Deutung einer Position, die als »rechts« verortet und von den Linksintellektuellen, die sich als Hüter von Aufklärung und Demokratie verstehen, als überwunden und widerlegt betrachtet wird. Am schärfsten formulierte den Schock der SPD-Intellektuelle Peter Glotz: »Notiert euch den Tag, Freunde, es war die *Spiegel*-Ausgabe vom 8. Februar 1993. Es wird ernst.«[61] Und Thomas Assheuer befand: »Diese Tirade ist ein Einschnitt, ein unerhörtes Dokument – das erste aus dem Neuen Deutschland, undenkbar in der ›alten‹ Bundesrepublik.«[62] Die Gründe für die Heftigkeit, mit der die Auseinandersetzungen um den »Bocksgesang« über Wochen hinweg geführt wurden, dürften vor allem in der antinationalen Ausrichtung der linken deutschen Intelligenz zu suchen sein, die mit Vehemenz gegen die deutsche Wiedervereinigung optierte. Deren Selbstverständnis beschrieb der Grünen-Politiker Ralf Fücks wie folgt:

> »Nation war etwas Überholtes, wenn nicht Reaktionäres, ein Relikt aus der Mottenkiste des 19. Jahrhunderts, dessen Exzesse eine tiefrote Blutspur in Europa hinterlassen hatten. Wir waren Europäer, weil wir Anti-Nationalisten waren.
>
> Die deutsche Vereinigung konnten viele damals nur als restaurativen Akt denken, als Wiederherstellung von Großdeutschland. Das galt für Joschka Fischer, aber

> auch für Oskar Lafontaine und Gerhard Schröder, für evangelische Kirchenfürsten und den DGB. Für einen Gutteil der Westlinken war die deutsche Teilung die gerechte Strafe für Nationalsozialismus und Krieg, und zugleich eine Vorkehrung gegen eine Wiederkehr der Gespenster der Vergangenheit. Wir mißtrauten der demokratischen Läuterung der Deutschen zutiefst.«[63]

Diese Positionsbeschreibung von Ralf Fücks, die hier pars pro toto für das Selbstverständnis der intellektuellen Linken stehen soll, illuminiert die diskursiven Rahmenbedingungen, die wenig überraschend dazu führten, daß Strauß aufgrund seines Essays in den Verdacht geriet, Künder und Deuter eines »neuen Großdeutschlands« zu sein bzw. gleich die Etikette »Salonfaschist«[64] angeheftet bekam.

Es erscheint wenig wahrscheinlich, daß sich Strauß dieser Diskursbedingungen nicht bewußt war. Warum er dessenungeachtet ausgerechnet den *Spiegel*, das Leitmedium genau jener linksliberalen Konvention, die er so vehement angriff, für die Publikation seines Essays wählte, ist bis heute Gegenstand von Spekulationen. Hat der Theaterdramatiker, der voraussehbaren Reaktionen auf seine Thesen eingedenk, seinen Essay ganz bewußt »inszeniert«? Hat er den anschwellenden Medienlärm des bundesrepublikanischen »juste milieu« als Chor der Tragödie – die deutsche Übersetzung dieses altgriechischen Wortes lautet »Bocksgesang« – einkalkuliert? Einer der wenigen, der damals derartige Mutmaßungen anstellte, war Eckhard Nordhofen, der in einem Beitrag für die *Zeit* einen »Theatercoup für alle Ränge« ortete und feststellte:

»›Anschwellen‹, so sagt man sonst vom Beifall. Und tatsächlich ist er angeschwollen, negativ und systemkonform, versteht sich. In allen Blättern von *taz* bis *FAZ* der performative Beleg für Strauß' Behauptungen über den intellektuellen Hauptstrom. Wie bestellt haben alle die Rolle aufgesagt, die Strauß ihnen zugedacht hatte.«[65]

Es spricht manches für diese Sichtweise, hätte doch die kurz danach in dem Jahrbuch *Der Pfahl* (VII/1993) veröffentlichte Langfassung seines Essays kaum jene Resonanz gehabt, wie es nach der Veröffentlichung im *Spiegel* der Fall war. Für eine derartige Deutung spricht weiter, daß Strauß auch in der Folge den *Spiegel* oder auch die linksliberale Wochenzeitung *Die Zeit* als Resonanzboden für Veröffentlichungen ausgewählt hat, so zum Beispiel für seine wichtigen Essays »Wollt ihr das totale Engineering?«[66] oder »Der Plurimi-Faktor«,[67] in dem er, bemerkenswert genug, seine »Anmerkungen zum Außenseiter« veröffentlichte. Nicht zuletzt ist hier auch seine *Spiegel*-Glosse »Der letzte Deutsche«[68] zu nennen, die der *Spiegel* auf die Ebene des »Bocksgesangs« zu heben versuchte[69] und die in der Tat ähnliche, wenn auch deutlich weniger Konvulsionen im »juste milieu« nach sich zog wie der als Skandalon apostrophierte Essay aus dem Jahre 1993.[70]

In der Tat ist in Rechnung zu stellen, daß Strauß insbesondere in der ersten Phase seiner Karriere vor allem als Theaterdramatiker tätig war und sich damit auf die Kunst der Inszenierung versteht. Das, was Strauß als Tragödie[71] ankündigt, bleibt allerdings eher diffus. Strauß, so Bernhard Greiner, warne vor der Verleugnung, der Politisierung und der gesellschaftlichen Entsorgung des Unheils, d.h. vor den verhängnisvollen Auswirkungen des nicht angenommenen Tragischen insgesamt. Insofern prophezeie er eine »Tragödie zweiter Potenz«,[72] so Greiner weiter.

In diesen Kontext sind Strauß' Hinweise auf René Girard und dessen Ausführungen zu *Das Heilige und die Gewalt* zu lesen:

> »In *Das Heilige und die Gewalt* schreibt René Girard: ›Der Ritus ist die Wiederholung eines ersten spontanen Lynchmordes, in dessen Folge in der Gemeinschaft wieder Ordnung herrschte.‹ Der Fremde, der Vorüberziehende wird ergriffen und gesteinigt, wenn die Stadt in Aufruhr ist. Der Sündenbock als Opfer der Gründungsgewalt ist jedoch niemals lediglich ein Objekt des Hasses, sondern ebenso ein Geschöpf der Verehrung: Er sammelt den einmütigen Haß aller in sich auf, um die Gemeinschaft davon zu befreien. Er ist ein metabolisches Gefäß.
>
> Anderswo übernimmt diese Dynamik des Heils der Stammesherrscher, der König: Er inkorporiert die Macht der Finsternis, zieht alles Übel auf sich, um es dann in Stabilität und Fruchtbarkeit zu wandeln. Der Herrscher übernimmt die Funktion des kultischen Opfers. (Entsprechend hätte etwa der linke Terrorismus seine Rolle im play of kingship gespielt, da er seinen Haß ausschließlich gegen die Herrschenden richtete und sein Opfer aus ihren Reihen wählte.«[73]

Diese doch sehr komprimierte Rezeption der Thesen

Girards soll im folgenden Abschnitt auf ihre Hintergründe hin erhellt werden.

Die kathartische Funktion des Opfers

Eine der Hauptthesen des französischen Kulturanthropologen René Girard, auf den sich Strauß im »Bocksgesang« direkt bezieht, lautet, daß das blutige Opfer, das Bestandteil vieler Religionen ist, der Ableitung der Aggressionen dient und damit eine kathartische Funktion hat. Walter Burkert, ein herausragender Kenner antiker Mysterienkulte, hat deren Hintergründe wie folgt umrissen: »Die kathartische Gewalt« verhindere »die unreine Gewalt«, also das Gegeneinander aller gegen alle.[74] In dieser Feststellung schwingt auch die Einsicht der Aggressionstheorie von Konrad Lorenz mit, nach der eine gemeinsam begangene Aggression »das Band« der Einigkeit stärke. Girard vertritt die Auffassung, daß dieser Zusammenhang in modernen Gesellschaften nicht mehr präsent sei. Strauß prognostiziert der Modernität deswegen einen »Kulturschock«, der auch deren Ende einleite: »Die Modernität wird nicht mit ihren sanften postmodernen Ausläufern beendet, sondern abbrechen mit einem Kulturschock, der nicht die Wilden trifft, sondern die verwüstet Vergeßlichen.«[75]

Die Kräfte des »ständigen Fortbringens, Abservierens und Auslöschens« haben zu einer Krise der kulturellen Ordnung geführt, die René Girard als ein »organisiertes System von Unterschieden« deutet.[76] Es sei dieses »graduelle System von Unterschieden, das den Individuen ihre Identität verleiht und so deren Zuordnung zueinander« ermögliche. Wird der elementare Unterschied zwischen »Gut und Böse« relativiert, droht aus der Sicht von Girard eine Entdifferenzierung aller anderen Unterschiede.[77]

Der Zentralbegriff, um den das Denkens Girards kreist, ist die Gewalt, die er zunächst im Kontext primitiver Gesellschaften untersucht. In ihnen stellt die Gewalt ein gesellschaftsbedrohendes Phänomen dar, weil es in diesen Gesellschaften keine »religiöse, humanistische oder wie auch immer geartete Transzendenz« gab, »um eine legitime Gewalt zu definieren«. Das hat zur Konsequenz, daß »Legitimität und Illegitimität der Gewalt endgültig dem Ermessen des Einzelnen anheimfallen«.

Diese »chaotische Ursituation« überwanden primitive Gesellschaften nach Girard durch die Institution des Sündenbockes. An die Stelle der Gewalt aller gegen alle trat die Gewalttat aller gegen einen. Opferfähig waren vor allem diejenigen, die am Rande dieser Gesellschaften standen, weil ihr Opfer keine Rachefehden nach sich zog, die den Bestand der gesamten Gemeinschaft hätten bedrohen können. Opfer und Verbote, so das Resümee, das Girard zieht, hätten präventiven Charakter. Sie unterdrückten gewalttätige Spannungen und Konflikte und trügen damit zur Reinigung der Gesellschaft bei.

In welchem Zusammenhang stehen diese Erkenntnisse nun mit unseren heutigen hochdifferenzierten Industriegesellschaften? Die Antwort von Girard lautet, daß nur dann, wenn die »unausgerottete Gewalttätigkeit des Menschen« ihre »rituelle Form« finde, das gezähmte Leben auf Dauer bestehen könne.[78] Die westliche Gesellschaft sieht Girard in einer kulturellen Dauerkrise:

> »Geht die historische Bewegung der modernen Gesellschaft in Richtung einer Auflösung der Unterschiede, dann besteht große Ähnlichkeit mit dem, was wir bisher die Krise des Opferkultes genannt haben. Und in vielerlei Hinsicht scheint *modern* denn auch tatsächlich ein Synonym für Kulturkrise zu sein.«[79]

Botho Strauß spricht im »Bocksgesang« davon, daß »wir von der Gestalt der künftigen Tragödie nichts wissen. Wir hören nur den lauter werdenden Mysterienlärm in der Tiefe unseres Handelns. Die Opfergesänge, die im Inneren des Angerichteten schwellen«. Und weiter: »Die Tragödie gab ein Maß zum Erfahren des Unheils wie auch dazu, es ertragen zu lernen.«[80]

Nach Girard steht die Tragödie für die »Ausgewogenheit des Gleichgewichts, das nicht jenes der Gerechtigkeit, sondern jenes der Gewalt ist«.[81] Im Gegensatz zu Hölderlin aber, für den das Kennzeichen des Konfliktes in der »tragischen Unparteilichkeit« (Impartialität) zu suchen ist, besteht Girard auf der Parteinahme, die zwischen zwei Lösungen wählen will. Die Tragödie sei durch eine »Symmetrie der Gegenspieler« gekennzeichnet, deren Konflikt sich ewig fortsetze. Je länger nun diese tragische Rivalität andauert, desto mehr begünstigt sie die gewalttätige Mimesis, vervielfacht »sie die Spiegeleffekte zwischen den Gegnern«. Um diese Entwicklung zu durchbrechen, bedarf es eines »Sündenbockes«, der den Haß aller auf sich zieht, um die Gemeinschaft davon zu befreien.

Strauß weist darauf hin, daß anderswo der König oder Stammesherrscher diese »Dynamik des Heils« auf sich nehme, indem er die »Funktion des kultischen Opfers« übernehme. Entsprechend hätte der linke Terrorismus seine Rolle im »play of kingship« gespielt, da er seinen »Haß ausschließlich gegen die Herrschenden richtete und seine Opfer aus ihren Reihe wählte«. Wenn Strauß nun davon spricht, daß der Terrorismus »nicht für größere Unordnung in der Volksgemeinschaft, sondern für eine einmütige Bekräftigung der Ordnung gesorgt«[82] habe, dann ist der Bezug auf die Grundthese Girards deutlich herauszulesen.

Auch Strauß' Drama »Ithaka«, das im Jahre 1996 in enger Anlehnung an die Heimkehr-Gesänge der Homerschen »Odyssee« uraufgeführt wurde, kann vor dem Hintergrund der Thesen Girards gedeutet werden. Odysseus kehrt nach zwanzigjähriger Abwesenheit – zehn Jahre lang kämpfte er im Trojanischen Krieg, zehn Jahre lang irrte er über die Meere – wieder ins heimische Ithaka zurück. Verkleidet als Bettler, muß er am eigenen Königshof mitansehen, wie seine Frau Penelope von einer Schar Freier umworben wird, die an seine Stelle treten wollen. Odysseus richtet, unterstützt von der Göttin Pallas Athene, unter den Freiern ein Blutbad an und nimmt seinen legitimen Platz als Herrscher und Ehemann wieder ein. Athene befiehlt – und hier weicht Strauß von der antiken Vorlage ab –, Odysseus' Blutgericht mit dem Schleier des Vergessens zu bedecken:

> »Wir aber verfügen, was recht ist: aus dem Gedächtnis des Volkes wird Mord und Verbrechen des Königs getilgt. Herrscher und Untertanen lieben einander wie früher.«[83]

Strauß hat die Homerschen Verse in Prosa übertragen, sie durch »Abschweifungen, Nebengedanken, Assoziationen«, die sich oft gegen Profitstreben, Medienwahn und die Aufklärungswut der modernen Gesellschaft richten – unterbrochen; außerdem hat er die Figuren dreier »fragmentarischer Frauen« hinzugefügt. Entstanden ist ein Drama in der Tradition der »politischen Romantik«, in der die Wiederherstellung der Ordnung zwar auf Gewalt gegründet, aber dennoch legitimiert erscheint.

Girards Thesen laufen auf eine Aufwertung des Religiösen hinaus, das keineswegs »unnütz« sei, entziehe es doch dem Menschen »seine Gewalt, um ihn davor zu schützen«. Das Religiöse, so Girard,

> »beschützt die Menschen solange, als sein Geheimnis nicht enthüllt wird. ... Wer die Unwissenheit der Menschen zerstört, der riskiert, die Menschen einer erhöhten Gefahr auszusetzen; er beraubt sie seines Schutzes, der in der Unwissenheit besteht, und nimmt der menschlichen Gewalt den letzten Hemmschuh«.[84]

Strauß hofft wohl auch vor diesem Hintergrund auf die Verabschiedung eines

> »hundertjährigen ›devotionsfeindlichen Kulturbegriffs‹ (Hugo Ball), der im Gefolge Nietzsches unseren geistigen Lebensraum mit unzähligen Spöttern, Atheisten und frivolen Insurgenten übervölkert und eine eigene bigotte Frömmigkeit des Politischen, des Kritischen und All-Bestreitbaren geschaffen hat.»[85]

Daß die moderne Welt weder Ursache noch Wesen der Gewalt kennt, ist nach Girard einem Gesellschaftsvertrag geschuldet, der ausschließlich auf der Vernunft oder dem gesunden Menschenverstand fußt. Diese einseitige Fokussierung setze die »Vertuschung der religiösen Gewalt«[86] fort. Das Religiöse ist nach Girard durch die Einsicht gekennzeichnet, daß das Fundament der menschlichen Gesellschaft nicht das Verdienst des Menschen sei. Das Religiöse sagt den Menschen, »was sie tun müssen und was sie lassen sollen, um die Rückkehr der zerstörerischen Gewalt zu verhüten«. Wenn Strauß also vom »Kulturschock« redet, der alle »verwüstet Vergeßlichen« treffe, dann will er damit nahelegen, daß »der Mensch nicht lange unter der Mißachtung der rituellen Vorschriften und Verbote leben und sich der Illusion hingeben kann«, die Gewalt sei »ein bloßes Instrument und ein getreuer Diener«. Vor diesem Hintergrund erhält das Straußsche Diktum »Jedes Tabu ist besser als ein zerstörtes«[87] überhaupt erst seine Brisanz.

Deutschland, die Deutschen und die Bewältigung des Nationalsozialismus

Bemerkenswert ist, daß die oben bereits angesprochenen historischen Rahmenbedingungen bei der erregten Diskussion um den »Bocksgesang« bis heute eine eher marginale Rolle gespielt haben. Daß diese Rahmenbedingungen für Strauß eine exponierte Rolle gespielt haben, hat er unter anderem in einem Brief an die Herausgeber des Sammelbandes *Die selbstbewußte Nation* deutlich gemacht, in dem er folgende Erläuterungen gab:

> »Der ›Bocksgesang‹ selbst ist ein Zeugnis der Antwortlosigkeit, mit der das negationsgeschulte intellektuelle Deutschland auf die Erschütterungen durch das Positive [der Wiedervereinigung] reagierte. Er suchte in diesen leeren Augenblick alles Fragwürdige unseres kulturellen Befindens zu versammeln und auf die Spitze seiner Fragwürdigkeit zu treiben. Damit hatte zugleich jene Kulturkritik, wie ich sie erlernte, für mich ihr Ende gefunden. Ich habe dem Text weder etwas hinzuzufügen noch abzustreichen. Nur seinen Impuls empfinde ich als vergangen.«[88]

Zu erinnern ist daran, daß die Debatte um die Wiedervereinigung und damit verwoben auch die Frage um den Umgang mit der NS-Vergangenheit vor und nach 1989 verschiedene Phasen durchlief, die unter anderem Eunike Piwoni in ihrem Buch *Nationale Identität im Wandel*[89] nachgezeichnet hat. Auch Strauß kommt in seinem Werk immer wieder auf die Art und Weise der Bewältigung der NS-Vergangenheit zu sprechen. Ins Auge fällt auch seine Desillusionierung über die heutigen Deutschen, die nur noch aus »Faulheit« deutsch redeten.

An Deutlichkeit gegenüber dem heutigen Deutschen hat es Strauß nie mangeln lassen. Ihre »Regungen und Interessen« ließen sich, so Strauß, eher »auf amerikanisch« ausdrücken; sie seien ein »Auslöscher jeder, aber auch jeder ideellen Kraft«:

> »Jemand hat gesagt: das Volk ist das Höchste und das Niedrigste. Das mag in einem geschichtlichen, noch mehr in einem mythischen Sinn zutreffend

sein. Heute aber bildet das Volk der Deutschen keinen geheimen Schatz in der Seele des einzelnen mehr, aus dem er Kraft schöpfen könnte. Es ist nichts als ein launiger, bequemer Mehrheits-Potentat. Ein Auslöscher jeder, aber auch jeder ideellen Kraft. Er spricht nur noch aus Faulheit deutsch, die meisten seiner Regungen und Interessen ließen sich besser auf amerikanisch ausdrücken. Der Widerstand gegen die moderne Gesellschaft ist zuletzt kein Widerstand gegen das Kollektiv, sondern gegen einen Mangel an kollektiver Substanz.«[90]

In dem Essay »Wollt ihr das totale Engineering?« (2000) befindet Strauß, daß das »geheime Land«,[91] das man in sich trage, »längst vergessen« sei, was nicht einmal durch den »heiligen Akt der Wiedervereinigung« in Erinnerung gebracht werden konnte:

> »Fahren Sie schnell nach Deutschland, bald gibt es kein Deutschland mehr, das könnte niemand sagen, denn ein eigentümliches Deutschland gibt es schon seit langem nicht mehr. Und so ist es auch nicht weiter von Bedeutung, wenn es demnächst immer weniger native Deutsche gibt. Das Land, das geheime Land, das man in sich trägt, ist längst vergessen. Nicht einmal der heilige Akt der Wiedervereinigung hat es in Erinnerung bringen können. Diese Deutschen haben sich Rücken an Rücken vereinigt.«[92]

Wenn Strauß schreibt, er sei inzwischen »›allergisch‹ gegen rüde Kurzschlüsse der Art, daß sofort ›Heinrich Himmler‹

gerufen werde, wenn einer ›Meister Eckart‹« sagt, gibt er einen Hinweis darauf, worin er die Gründe für den Mangel an »kollektiver Substanz« sieht. Diese »Kurzschlüsse« seien nicht nur die »Fortsetzung der Barbarei mit antifaschistischen Mitteln«,[93] sondern sie hat auch, diese Lesart scheint Strauß hier nahelegen zu wollen, das »geheime Land, das man in sich trägt«, das »eigentümliche Deutschland«, ausgelöscht.

Alles dies schwingt im Hintergrund mit, wenn sich Strauß in seinem *Spiegel*-Essay zum Letzten Deutschen stilisiert,[94] das auch ein Dokument des »kulturellen Schmerzes« über den Verlust einer Substanz des Deutschen ist, das durch den bisherigen Höhepunkt der »Flüchtlingskrise«, als Strauß' Essay publiziert wurde, nur noch offenkundiger geworden ist:

> »Der letzte Deutsche, dessen Empfinden und Gedenken verwurzelt ist in der geistigen Heroengeschichte von Hamann bis Jünger, von Jakob Böhme bis Nietzsche, von Klopstock bis Celan. Wer davon frei ist, wie die meisten ansässigen Deutschen, die Sozial-Deutschen, die nicht weniger entwurzelt sind als die Millionen Entwurzelten, die sich nun zu ihnen gesellen, der weiß nicht, was kultureller Schmerz sein kann. Ich bin ein Subjekt der Überlieferung, und außerhalb ihrer kann ich nicht existieren.«[95]

Den Rechten schreibt Strauß ins Stammbuch, keine Illusionen über die Deutschen zu hegen:

> »Der Irrtum der Rechten: als gäbe es noch Deutsche und Deutsches außerhalb der oberflächlichsten sozi-

> alen Bestimmungen. Jenen Raum der Überlieferung von Herder bis Musil wollte noch niemand retten.«[96]

Die Germanistin Ioana Craciun glaubt, daß Strauß, um diese Amnesie im Hinblick auf die eigene Überlieferung zu veranschaulichen, insbesondere in seinem Theaterstück »Ithaka« Anleihen bei Oswald Spengler und seiner Denkfigur »Fellachenvolk« genommen habe:

> »Botho Strauß stellt die Bewohner Ithakas wie Oswald Spengler die Fellachen als Volk ›nach einer Kultur‹ dar. Als ein Volk, dessen kulturelles und geschichtliches Dasein durch den trojanischen Krieg zerstört wurde und das seitdem keine ›Weltgeschichte‹, d. h. ›[k]ein einziges großes Wollen von bewußter Logik‹ mehr erlebt.«[97]

»Fellachenvölker« sind nach Spengler im Endstadium ihrer Kultur angekommen. Ein Volk trete, wenn sich seine Kultur ausgelebt habe, in das Fellachentum über und werde, wie das von ihm angenommene Urvolk, wieder geschichtslos. Der Geist der Stadt, die Zivilisation, sei der Katalysator für die Heraufkunft eines vierten Standes der Massen, die nicht mehr Volk seien, sondern Nomaden, die sich insbesondere in den Weltstädten fänden. Diese Nomaden stehen für Formlosigkeit, für Geschichtslosigkeit. Daß Strauß mit dem Spenglerschen Werk vertraut ist, zeigte er spätestens mit seinen Gedanken zu Oswald Spenglers autobiographischen »Eis heauton«-Notizen, die in den Jahren 1913 bis 1919 entstanden und 2007 erstmals veröffentlicht wurden.[98] Den Rang der Spenglerschen Betrachtungen bestimmt Strauß wie folgt:

»Mit diesem Buch, meint Spengler in seinen Notizen, ›war ich der letzte einer Reihe. Eine neue fängt nicht mehr an … Ich schließe ab‹.
Das Gegenteil ist der Fall. Es ist das Prägwerk für etliche kulturanalytische Universalbetrachtungen bis in unsere Tage. Samuel Huntingtons *Kampf der Kulturen* etwa käme ohne Rückversicherung bei Spengler nicht auf seine großen Spuren – und sein Buch nimmt immer wieder Beziehung zu ihm auf: Der ›Untergang des Abendlandes‹ ist ein Hauptthema der Geschichte des 20. Jahrhunderts geblieben.«[99]

Nach Craciun ist mit dem »trojanischen Krieg« der Zweite Weltkrieg gemeint und das Volk, dessen »kulturelles und geschichtliches Dasein« zerstört worden ist, sei das deutsche. Weil die Deutschen Hitler als dem »falschen König« gefolgt seien, hätten sie aufgehört, »eine Kulturnation zu sein«.[100] Anspielungen auf den »falschen König« Hitler und den Nationalsozialismus und auf die ritualisierte Art und Weise seiner Bewältigung in der Bundesrepublik finden sich sowohl in Strauß' Theater- als auch in seinen erzählerischen Stücken. In »Kalldewey, Farce« wird Kalldewey als »diabolischer« Führer und Verführer, ja als Rattenfänger gezeichnet, der die Therapiegruppe in seinen Bann schlägt. Die Therapiegruppenmitglieder »M« und »K« kommentieren dies wie folgt:

»M: /…/ lehnt sich an die Wand; leise Kalldewey …
Zeigt er uns Fotos von Hitler wie Pornobilder
Heimlich tut er und auf Einverständnis schielt er
›War das nicht 'n Kerl, war das nicht 'n Kerl?‹«[101]

In dem »romantischen Reflexionsroman« *Der junge Mann* wird auf die NS-Zeit in Allegorien, Parabeln oder surrealen Visionen Bezug genommen, in denen sich auch Elemente des Orgiastischen finden, worauf Sebastian Schauberger[102] hingewiesen hat. In zwei Prozessionsbildern wird auf »das Herkommen dieser Gesellschaft« angespielt. Einmal wird unter dem Titel »Der Wald« ein bacchantischer Festzug, angeführt von einem dickwanstigen »Bauarbeiterkönig« – ein »schwerer betrunkener Machtmensch« –, geschildert, der in einem Gewaltexzeß mündet. Die zweite Prozession ist ein Leichenzug zur Beerdigung von König Belsazar. Vorausgegangen war eine Orgie Belsazars, die am Morgen nach dem Fest in Verkaterung und schließlich in einem Leichenzug endet. Unschwer läßt sich in dieser Allegorie die bundesdeutsche Nachkriegsgesellschaft erkennen.

Unüberlesbar sind auch die kritischen Anspielungen auf die bundesdeutsche Vergangenheitsbewältigung und ihre »kritischen Aufräumer und Durchleuchter«:

> »Da klebte förmlich am Rücken des allerletzten Offiziellen des alten Reiches eben der erste aus dem neuen Lager der modernen Gewissensmacher, der kritischen Aufräumer und Durchleuchter. … Unablässig nur mit dem Ungeist beschäftigt, hatten sie selbst schon eine recht geisttötende Intelligenz um sich verbreitet und waren eigentlich nur noch in der Lage, Andersdenkende zu bezichtigen, aufzuspüren und zu umzingeln. Auf diese Musterdemokraten und Berufsantifaschisten waren zwei Gruppen zumeist jüngerer Menschen fixiert, die ihnen denn auch gleich auf dem Fuße folgten.«[103]

1989 meldet sich Strauß in einem *Spiegel*-Special zum 100. Geburtstag von Adolf Hitler zu Wort. Hitler, der »häßlichste Deutsche«, der »mächtigste Nachzehrer unter den Deutschen«, wird hier als »schwarze Sonne, um die sämtliche Wert-Planeten dieser Republik kreisen«, charakterisiert, der »die Selbsterregungszyklen des erwerbsmäßigen Antifaschismus« steuere:

> »Ich sehe nicht, wie ich seiner gedenken könnte. Er, die Tragödie meiner Nachgeborenheit; die schwarze Sonne, um die sämtliche Wert-Planeten dieser Republik kreisen, der moralische, der intellektuelle, der ästhetische Planet, der soziale, psychologische, traditionale, der emanzipatorische ... Er, der Hüter der letzten Tabus, Herr über die letzten Tabus; der Unumwertbare, ganz gleich wie ›differenziert‹ sein Bild von der jüngeren und vielleicht noch mehr von einer künftigen Zeitgeschichte gesehen wird. Der häßlichste Deutsche beherrscht fort und fort jeden leidenschaftlichen Gedanken über die Deutschen. Verdreht jede Rückbindung und viele gute Worte. Wirkt im reaktionären Vergessen und steuert die Selbsterregungszyklen des erwerbsmäßigen Antifaschismus.«[104]

Diese Diagnose sei auch der Erinnerung – bei Strauß eine zentrale ästhetische Kategorie – abträglich:

> »Unser zivilisatorischer Optimismus, unsere Aufklärungshybris ist nicht der Erinnerung günstig; wären wir im Stand einer tragischen Weitsicht, könnten wir's eher bewältigen.
>
> Doch wir leben in einer redenden Nachwelt: Unbe-

denklich und wüst verströmt das Reden sogar über Shoa und Holocaust; ein Sprechen ohne den mindesten Argwohn, ob Sprache hier der Scham nicht widerspreche, Meinen grundsätzlich frevelhaft sei. Am Ende aller Ausgesprochenheit ›nach Auschwitz‹ ahnt man vielleicht, daß eben doch einzig das Gedicht[105] es vermocht hätte, anstelle des Ritus Scham und Schweigen zu bezeugen.«[106]

Die NS-Vergangenheit, so Strauß, diene den Deutschen als »letztes moralisches Belebungsmittel«:

»So kennen wir eigentlich nur ein Gewissen der Öffentlichkeit und sehen, wie es sich verbraucht. Ihre Nazivergangenheit dient den jetzigen Deutschen als das sicherste, vielleicht letzte moralische Belebungsmittel, neben dem kein anderes recht wirkt. Es wird von den Vertretern der verschiedensten Interessenverbände ›Moral‹ um so geschäftiger verabreicht, je näher die innere Verjährung, die endgültige Versandung, die biologische Ablösung rückt. Auch das ist nicht Erinnerung und geschieht bisweilen so ideopathisch-schrill, daß man glaubt, den vereinten Geifer von damals und heute zu hören.«[107]

Wenn Strauß zu dem Ergebnis kommt, daß am »Ende aller Ausgesprochenheit ›nach Auschwitz‹ wohl doch einzig das Gedicht es vermocht hätte, anstelle des Ritus Scham und Schweigen zu bezeugen«, dann spielt er darauf an, daß sich die »Verbrechen der Nazis« nicht »durch moralische Scham oder andere bürgerliche Empfindungen … kompensieren« lassen, wie er vier Jahre später im »Bocksgesang« schreibt:

»Die Verbrechen der Nazis sind jedoch so gewaltig, daß sie nicht durch moralische Scham oder andere bürgerliche Empfindungen zu kompensieren sind. Sie stellen den Deutschen in die Erschütterung und belassen ihn dort, unter dem tremendum; ganz gleich, wohin er sein Zittern und Zetern wenden mag, eine über das Menschenmaß hinausgehende Schuld wird nicht von ein, zwei Generationen einfach ›abgearbeitet‹. Es handelt sich um ein Verhängnis in einer sakralen Dimension des Worts und nicht einfach um ein Tabu, das denen, die zum Schutz bestimmter zwischenmenschlicher Verkehrsformen oder der Intimsphäre dienen, vergleichbar wäre.«[108]

Was Strauß hier kritisch reflektiert, ist die Auffassung, die NS-Vergangenheit könne in einer bestimmten Zeit »abgearbeitet« oder »bewältigt« werden. Die entscheidende Formulierung lautet: »Es handelt sich um ein Verhängnis in einer sakralen Dimension des Worts«. Die mythologische Metapher Verhängnis ist in diesem Zusammenhang ein vielfacettiger Begriff. Heute wird unter Verhängnis ein »unheilvolles Schicksal«, dem nicht entronnen werden kann, verstanden, bei Luther noch eine »Fügung Gottes«. Die Wendung »sakrale Dimension des Wortes« dürfte auch dem Diktum Adornos geschuldet sein, daß »noch das äußerste Bewußtsein vom Verhängnis« zum »Geschwätz zu entarten« drohe. Diese »sakrale Dimension« wird durch den Begriff »tremendum« weiter aufgeladen, einen Begriff, der auf den Religionswissenschaftler Rudolf Otto verweist, der das Numinose sowohl als »mysterium fascinosum« als auch als »mysterium tremendum« definierte. Es bezeichnet die Erfahrung des »ganz Anderen«, das sich rationalen Kategorien entzieht und ein Gefühl von Scheu, Erschütterung oder Angst vor dem schlechthin Unerklärbaren auslöst. In dieser Sphäre verortet Strauß die Verbrechen der Nationalsozialisten und ihre »über das Menschenmaß hinausgehende Schuld«.

Die Renaissance des Nationalen und die tiefe Irritation der Linken

Zu den diskursiven Rahmenbedingungen des »Bocksgesanges« zählen aber nicht nur die Art und Weise der Auseinandersetzung mit dem Nationalsozialismus oder mit der Wiedervereinigung, sondern auch die Übergriffe auf Asylbewerber wie beispielsweise in Hoyerswerda (1991), Rostock-Lichtenhagen (1992) oder Mölln (1992), die Strauß' Ausführungen über Rassismus und Fremdenfeindlichkeit erhellen. Es müssen weiter auch die Anzeichen einer Renaissance des Nationalen in den ehemaligen Staaten des Ostblocks hinzugezogen werden, die sich – siehe beispielsweise Georgien, Berg-Karabach, Tadschikistan und natürlich das zerfallende Jugoslawien – auch in gewalttätig ausgetragenen Konflikten Ausdruck verschafften. Weiter ist darauf zu verweisen, daß es nicht nur Botho Strauß war, der 1993 für heftige Reaktionen in den Feuilletons der Printmedien sorgte. Auch Hans Magnus Enzensberger und Martin Walser[109] sorgten im *Spiegel* für Irritationen und schienen für einen Rechtsruck ehemals linker oder linksliberaler Schriftsteller zu stehen. Der *Spiegel* kokettierte damit, »eine

Reihe von Tabuverletzungen deutscher Intellektueller« angestoßen zu haben:

> »Die Beiträge der Autoren Strauß, Enzensberger und Walser [...] zeigen die tiefe Irritation der deutschen Linken. Hat auch der SPIEGEL die linke, linksliberale Bodenhaftung verloren? Soviel oder sowenig wie die gesamte kritische Intelligenz, die seit dem abrupten Ende der wohlgeordneten bipolaren Ost-West-Welt Ausschau nach neuen Werten und Orientierungen hält.«[110]

Die schrillsten Reaktionen galten aber dem Essay von Botho Strauß. Schon wenige Tage nach der Publikation des *Spiegel*-Beitrags fragte Willi Winkler in einer Entgegnung auf den »Bocksgesang«: »Ist Botho Strauß ein Faschist?«[111] Mittels eines Reigens von Strauß-Zitaten suggerierte Winkler eine Lesart, wonach Strauß eine »Resurrektion des Führers« ersehne, rechtsradikale Jugendliche »führen« wolle und fremdenfeindliche Ausschreitungen verharmlose. Die Schriftstellerin Elke Schmitter geißelte das antidemokratische Ressentiment im »Bocksgesang«, zählte den Autor zu den »Marmorhäuptern der geistigen Mobilmachung« und bezichtigte ihn des »geistigen Schuldigwerdens«.[112] Michael Schweizer setzte den Alarmismus fort, reihte Strauß unter die Akteure der Konservativen Revolution ein bzw. rückte ihn in die Nähe der antidemokratischen Rechten:

> »Auch Botho Strauß wird nie dafür sein, irgend etwas anzuzünden; aber wenn die Verhältnisse ihm die leichte Übung nahelegen, [...] wird er Gedicht bei Fuß

> stehen – nicht als Umfaller, sondern indem er konsequent weiterdenkt, was er jetzt schon vertritt.«[113]

Die Frage, inwieweit die Einzeichnung Botho Strauß' in den Kontext der »Konservativen Revolution« berechtigt ist, soll im folgenden Kapitel erörtert werden.

Der Dichter: Konservativer Revolutionär und ästhetischer Fundamentalist?

Nadja Thomas hat in ihrer Doktorarbeit[114] den wohl umfassendsten Versuch unternommen, den Schriftsteller Botho Strauß in die Ideenwelt der »Konservativen Revolution« (KR) einzuzeichnen. Als hermeneutisches Brennglas dienen ihr vor allem einschlägige Arbeiten des Hamburger Soziologen Stefan Breuer,[115] der als KR-Fachmann aufgerufen wird, und des *Welt am Sonntag*-Journalisten Richard Herzinger, eines ausgewiesenen Strauß-Gegners.

Im ersten Teil ihrer Arbeit unternimmt Thomas eine Verhältnisbestimmung von Konservatismus und KR. Hier unterlaufen ihr eine Reihe von Verkürzungen, die wohl nicht zuletzt auf konservatismuskritische Gewährsleute wie Kurt Lenk, Martin Greiffenhagen und andere zurückzuführen sind, die sie in den Zeugenstand ruft. So definiert sie beispielsweise:

> »Dem Konservatismus liegt ein Menschenbild zugrunde, das den Menschen als böse und gefährlich ansieht. Im dialektischen Gegensatz zum aufklärerischen Glauben an eine Humanisierung der gesell-

> schaftlichen Verhältnisse und der gleichzeitigen Annahme, daß der Menschen durch die Verbesserung der Lebensumstände, durch Erziehung und der Ausbildung zur Vernunft zum Guten fähig ist, verneint der Konservatismus diese Prämisse. Er sieht den Menschen nicht als Vernunftwesen an, sondern als primär von Sinnen und Trieben bestimmt. Von daher bedarf er der ›Zucht‹ und ›Führung‹.«[116]

Dieser Behauptung, die Thomas weder differenziert noch hinreichend belegt, folgt der (Kurz-)Schluß:

> »Aus dem pessimistischen Menschenbild des Konservatismus begründet sich dessen politische und moralische Radikalisierung, die man besonders in der ›Konservativen Revolution‹ beobachten kann und die sich ästhetisch manifestiert in einer ästhetischen Radikalisierung bis hin zum ästhetischen Fundamentalismus.«[117]

Den Begriff des »ästhetischen Fundamentalismus«[118] kreierte Stefan Breuer, weil er den Begriff »Konservative Revolution« aufgrund seiner Unschärfe ablehnt; hiermit will er die politische von der ästhetischen »Konservativen Revolution« abgrenzen.

Die Hypertrophierung der Rezeption der Arbeiten von Herzinger und Breuer steht im augenfälligen Kontrast zur Rezeption der Veröffentlichungen von Armin Mohler zur KR, dessen Werk *Die Konservative Revolution in Deutschland von 1918–1932*, in dem er den Begriff »Konservative Revolution« einführte, nach wie vor als Standardwerk gilt.[119]

Der Grund für Thomas' Distanz zu Mohler findet sich in dem Kapitel »Die ›Konservative Revolution‹ nach Armin Mohler«. Hier stellt sie fest, daß dessen Untersuchung »kritisch bewertet« werden müsse, »da hier eine tendenziell verteidigende Haltung der Ideen der ›Konservativen Revolution‹ nachzuweisen«[120] sei. Mohler wird vorgehalten, eine Art »Ehrenrettung der konservativ-revolutionären Ideen« versucht zu haben, in dem er unter anderem deren »Nichtbeteiligung an der nationalsozialistischen Ideologie« als Argument ins Feld führt. Unter dem Strich bleibe dennoch die »genuine antidemokratische und antiliberale Haltung«, die das »Parteiwesen als Ausdruck von Demokratie und Liberalismus prinzipiell ablehnte«. Es ist hier nicht der Ort für eine ins Tiefere gehende Auseinandersetzung mit der Ideenwelt der KR, aber der von Thomas unternommene Versuch, die KR und letztlich auch Botho Strauß in die Geschichte des deutschen Antimodernismus einzuzeichnen, sei folgendes zur Einordnung entgegengehalten:

Zunächst ist schon der Begriff »Antimodernismus« mit Blick auf die KR zu problematisieren. Versucht man so etwas wie einen kleinsten gemeinsamen Nenner der KR zu finden, dann dürfte der in der Überzeugung liegen, daß es einen genuin deutschen Weg in die Moderne gebe, aufbauend auf den »Ideen von 1914« und gegen die »Ideen von 1789« gerichtet, ferner das Insistieren auf »Gemeinschaft« in Abgrenzung zur »Gesellschaft«, das Präferieren eines gegen den Kapitalismus gerichteten »preußischen Sozialismus« oder das Beharren auf der Reichsidee und die Opposition gegen Versailles. Als weitere Leitideen wären

Anti-Materialismus, starke Vorbehalte gegen den Individualismus und auch anthropologische Skepsis zu nennen. Diese Ideen hatten in der krisenhaften Phase der Weimarer Republik erhebliche Anziehungskraft, weshalb es irritiert, daß Breuer trotzdem zu dem Ergebnis kommt, daß ein gemeinsamer Kernbestand von Überzeugungen bei den Autoren der KR nicht auszumachen und der Begriff der KR daher unhaltbar sei. Statt dessen schlägt er die Strömungen, die Mohler unter die KR subsumiert, dem »Neuen Nationalismus«[121] zu, was allerdings neue definitorische Probleme aufwirft, da letztlich nur wenige Protagonisten der KR als »nationalistisch« verortet werden können.

In Anknüpfung an Hegel bestimmt Breuer Ästhetik als eine Denkhaltung, die bestimmte Phänomene vor allem aus der Perspektive der Empfindungen betrachtet, die sie hervorbringen.[122] Strauß ästhetisiere nicht nur Religion, so dekretiert Breuer, sondern lade vor allem die ästhetische Sphäre religiös auf. Heranzitiert wird in diesem Zusammenhang Strauß' Einlassung aus seiner Schrift »Die Distanz ertragen« über Rudolf Borchardt, aus der allerdings nicht herausgelesen werden kann, ob sich Strauß mit dieser Position identifiziert:

> »Der poetische Fundamentalist kehrt gegen Geschichte und Vergehendes die gedenkende Macht der Dichtung, dem Zeitenwandel enthoben wie Religion ... Das Prozeßschema, das Linien von Fortschritt oder Verfall entwirft, kann nicht das letztgründliche der Geschichte sein. Sie vollzieht sich vielmehr – für

> den Fundamentalisten – im langwierigen Wechsel von gottfernen und gottnahen Zeiten.«[123]

Nadja Thomas bemüht sich im zweiten Teil ihres Buches, den sie mit »Romantik und Konservativismus – Die Genese der ästhetischen Moderne« überschrieben hat, Strauß als »ästhetischen Fundamentalisten« zu entlarven. Zwischen der KR und dem »Ästhetischen Fundamentalismus« gebe es, so Thomas, eine Reihe von Anknüpfungspunkten. Die Unterscheidung zwischen einer politischen und einer ästhetischen KR sei allerdings schwierig, da es nach Richard Herzinger eine »programmatische Vermischung ästhetischer, philosophischer, wissenschaftlicher und politischer Rede-Weisen, Ideen und Konzeptionen« gebe, die charakteristisch für den konservativ-revolutionären Moderne-Diskurs sein soll. Für eben jene Vermischung soll das Œuvre von Botho Strauß stehen.

Der dritte Teil – »Typologie konservativ-revolutionärer Topoi und Motive« – versucht den Nachweis zu führen, daß Botho Strauß vor allem deshalb in die Denkbewegung der KR hineingestellt werden kann, weil sich in seinem Werk bestimmte KR-typische Topoi und Begriffe finden ließen. Zu nennen sind zum Beispiel Motive wie »Schöpferische Restauration«, der »Heroische Realismus«, ein »extremer Tragizismus« und bestimmte Zeitvorstellungen, die sich an dem Bild »Linie und Kugel« festmachen ließen.

Der innovative Ansatz der Thomasschen Studie besteht darin, den KR-Terminus auf die Literaturwissenschaft übertragen zu haben. In diesem Versuch liegen die Stärken der Arbeit, gibt es doch in der Tat bei Strauß eine Annäherung an bestimmte Denkfiguren, die die Autorin partiell instruktiv nachzeichnet. Aufgrund ihres »selektiven« Blicks entgehen ihr allerdings wichtige Straußsche Bezugsgrößen. So spricht sie das Motiv »Aushalten auf verlorenem Posten« an, ohne den großen kolumbianischen Reaktionär Nicolás Gómez Dávila zu erwähnen. Strauß selbst hat sich in seinem Nachwort zu George Steiners *Von realer Gegenwart* direkt auf Dávila bezogen – ein Umstand, der Thomas offensichtlich entgangen ist. Strauß läßt hier keine Zweifel darüber aufkommen, daß er mit der Figur des »Reaktionärs« sympathisiert.

Strauß' Reverenz an Rudolf Borchardt gewinnt bei Nadja Thomas kaum Gestalt, wohl weil ihre Gewährsleute Herzinger und Breuer trotz vieler Anläufe über ihn nur Sekundäres zu bieten haben. Auch der Philosoph Hans Freyer, der die industrielle Zivilisation als »sekundäres System«[124] beschrieb, bleibt unerwähnt. Die Interpretamente, die Thomas herausarbeitet, bleiben deshalb unbefriedigend. Thomas' Ausführungen wären überzeugender ausgefallen, wenn sie sich gedanklich ein wenig von Breuer oder Herzinger abgenabelt und sich statt dessen in die KR-Originalquellen vertieft hätte.

Mit Blick auf die Einstufung von Botho Strauß bleibt zu konstatieren, daß er sich letztlich jeder Kategorisierung oder Zuschreibung entzieht. Sein Denken changiert, bleibt oft in der Schwebe und weist auch Widersprüche auf, so daß Zuschreibungen wie Reaktionär, konservativer Revolutionär, ästhetischer Fundamentalist und andere mehr immer zu kurz greifen. Selbst dann, wenn Strauß scheinbar mit bestimmten Positionen zu sympathisieren scheint, kann daraus noch nicht abgeleitet werden, daß er sich diese Haltungen zu eigen gemacht hat. Hierin liegt ein Grund für einen Gutteil der Irritation, die der poetische Grenzgänger Botho Strauß immer wieder auslöst.

Nach dem »Donnergrollen«: Landleben in der Uckermark

1993 ist aber nicht nur das Erscheinungsjahr des »Bocksgesanges«, sondern auch das Jahr seiner Übersiedelung in die Uckermark. Wenn man so will, spiegelt sich in der plötzlichen Ruhe des Landlebens auch die weitgehende Isolation wider, in die Strauß aufgrund seines *Spiegel*-Essays geraten war. Selbst die Redaktion von *Theater heute* meinte von Botho Strauß »Abschied« nehmen zu müssen und druckte sogar Strauß-Briefe ab, die nicht zur Veröffentlichung bestimmt waren.[125] In einem kommentierenden Artikel stellte *Theater heute* mit Blick auf seinem ehemaligen Autor fest:

»Er [Strauß] bekennt sich, auf konkrete Nachfragen teils evasiv und taktisch abschweifend reagierend, hier dennoch zu einer Gesellschaft, die nicht mehr die der Leser des Dichters, des Dramatikers B. S. sein kann. Als gäbe es neben dem verwünschten Mainstream nur noch den braunen Sumpf, tritt Botho Strauß zur Seite … Vielleicht zieht er sich am eigenen besseren Wissen (oder Wollen) auch wieder selbst empor. Solange nicht, heißt es freilich Abschied nehmen von einem Menschen, mit dem viele, die zu erfahren suchten, was Leben, Literatur und Theater in der Bundesrepublik seit 1970 war, voller Neugier, voller Sympathie gegangen sind.«[126]

Strauß erklärte dazu:

> »Man hat mich schon so viele Male geächtet und verpönt, lange bevor der ›Bocksgesang‹ erschien«, jetzt könne als Steigerung nur noch die »damnatio memoriae« folgen: »Diesen Mann hat es als Schriftsteller nie gegeben.«[127]

Dennoch blieb Strauß nicht ohne Unterstützung. Einen »vergleichslosen Verrat« ortete Peter Iden sowie eine »Mentalität von Blockwarten«. Aus Paris meldeten sich Regisseur Luc Bondy und Vater François und nahmen »Abschied« von »maßlos unlauteren Journalisten und Ihrer Zeitschrift«. *Theater heute* druckte das alles ab und stellte fest, Strauß' Bitte, seine Briefe nicht zu drucken, wäre »einer Zensur oder Selbstzensur gleichgekommen«.[128]

Immerhin fiel »so auch Licht auf Straußens Leid«, konstatierte der *Spiegel*. In Deutschland gebe es inzwischen eine »intellektuelle Rechte«, konstatierte Strauß in seinem ersten Brief,

> »doch es darf sie nicht geben, und dies um so weniger, als sie beständig die Verfehlungen, Zerstörungen der Linken beim Namen nennt, was zuvor noch niemand tat.«[129]

Als Theatermann ist Botho Strauß nach dem Donnergrollen des »Bocksgesanges« spürbar weniger in Erscheinung getreten. Er hat das reichlich frustriert in folgende Worte gesetzt:

> »Das Theater hat mich inzwischen hinter sich gebracht … Auf der Bühne habe ich ein Erotiker sein wollen, heute jedoch dominieren am Theater – ästhetisch oder buchstäblich – die Pornografen.«[130]

Peter Stein, neben Luc Bondy oder Dieter Dorn wohl einer der Theaterregisseure, die sich am intensivsten mit dem dramatischen Werk von Botho Strauß auseinandergesetzt haben, wies gegenüber der *Welt* darauf hin, daß Pornographie nichts mit Sex zu tun haben müsse. Es gebe nämlich auch eine »intellektuelle Pornographie«, »in der keine einzige Titte und kein Penis vorkommt«.[131] Strauß meine damit, daß man sich gegenwärtig auf deutschen Bühnen dümmer stelle, als es notwendig sei. »Einseitiges Gekrähe« hindere die Schauspieler »in den großen Möglichkeiten ihrer Berufsausübung, schädigt sie«.

Strauß ist seit dem »Bocksgesang« wohl auch deshalb mehr und mehr als Schriftsteller in Erscheinung getreten. Genannt seien hier unter anderem folgende Arbeiten, die häufig verschlüsselte Titel tragen: *Wohnen Dämmern Lügen* (1994), *Die Fehler des Kopisten* (1997), *Das Partikular* (1999), *Die Untenstehende auf den Zehenspitzen* (2004), *Die Unbeholfenen* (2007), *Leichtes Spiel* (2009), *Vom Aufenthalt* (2009), *Lichter des Toren. Der Idiot und seine Zeit* (2013), *Herkunft* (2014) oder *Oniritti Höhlenbilder* (2016).

Die »totale Außenseiterposition«

Auf *Lichter des Toren. Der Idiot und seine Zeit* (2013) sowie *Herkunft* (2014), die zu seinen persönlichsten Büchern gehören, sei hier näher eingegangen. Die *Lichter des Toren* reflektieren die totale Außenseiterposition, mit der Strauß auch und vor allem seinen eigenen Standort bestimmt haben dürfte. Er benutzt zur Kennzeichnung dieser Position den Begriff »Idiot«, der allerdings auf seine Bedeutung im Altgriechischen zurückgeführt werden muß, um zu erhellen, worum es Strauß hier geht. »Idiot« bezeichnet dort eine Privatperson, die sich aus den öffentlichen und politischen Angelegenheiten heraushält und abgeschieden im verborgenen lebt. Diese Lebenshaltung war zum Beispiel für den griechischen Philosophen Epikur und seine Adepten kennzeichnend, für die der Rückzug aus der Öffentlichkeit und das abgeschiedene Leben in Selbstgenügsamkeit wichtige Aspekte der Lebenshaltung waren. Strauß verortet diese Lebenshaltung als »rechts«: »Rechts kann nur der Neugierige abseits stehen.«[132] Diese Positionierung ist

> »eine Alarmanlage für eingeschlafene Füße des Geistes, ein Menetekel, daß ›jeder erkletterte Thron zum Fußschemel eines neuen einschrumpft‹ (Jean Paul).«[133]

Im weiteren gibt Strauß eine wichtige Positionsbestimmung für das Verständnis seines Denkens, wenn er »reaktionär« von »konservativ« zu unterscheiden versucht:

> »Der Reaktionär ist Phantast, Erfinder (der Konservative dagegen ein Krämer des angeblich Bewährten).«[134]

In einigen seiner Äußerungen hat Strauß erkennen lassen, daß er der Lebenshaltung des Reaktionärs zumindest mit Sympathie gegenübersteht. In seinem *Spiegel*-Essay »Der Plurimi-Faktor« schreibt er zum Beispiel:

> »Der Reaktionär läßt, was niemals war, geschehen sein. Er verklärt als der echte Epiker das Gewesene, um es jederzeitlich zu machen. *Das war nie und ist immer*, die Definition des Mythos (bei Walter F. Otto nach einem Wort des Sallust), behauptet auch der Reaktionär. Es macht ihn zum Geschichtsmythologen. Als solcher verfolgt er Ordnungsphantasmen, die sich einer fabulösen Eingebung eher verdanken als einem politischen Kalkül.«[135]

In seinem Essay »Der Aufstand gegen die sekundäre Welt«, dem Nachwort zu George Steiners *Von realer Gegenwart* (1991), schreibt er apologetisch im Hinblick auf den Begriff »reaktionär«:

> »Der Reaktionär ist eben nicht der Aufhalter oder unverbesserliche Rückschrittler, zu dem ihn die politische Denunziation macht – er schreitet im Gegenteil voran, wenn es darum geht, etwas Vergessenes wieder in die Erinnerung zu bringen. Er hat jetzt und hier *vor* sich die dichten Schleier des technischen Scheins und der Bedeutungsleere, und er will sie teilen, zumindest für lichte Augenblicke, in denen Anwesenheit, Sinn, Logos offenbar werden. Nichts anderes verfolgt nach Steiner jedes großes Kunstwerk und ist demnach auf eine zeitlose Weise ›reaktionär‹, es kämpft gegen die Vergeßlichkeit in jeder Epoche.«[136]

Entsprechend affirmativ wird Nicolás Gómez Dávila, von Jens Jessen in der *Zeit* als »letzter Reaktionär« gekennzeichnet,[137] durch Strauß charakterisiert, möglicherweise auch, weil er in dessen Lebensführung und -haltung Parallelen zum eigenen Standpunkt sieht:

> »Dávila ist Kolumbianer, überzeugter Hierarchist und Katholik, Moralist in der Folge Montaignes, Rivarols, de Maistres; einer der großen spirituellen Reaktionäre – und das ist gleichbedeutend mit: einer der großen Stilisten unserer Zeit, und dies wiederum ist gleichbedeutend mit: ein unbeirrbarer Zeitfremdling, voll scharfsinniger Frommheit. Seine Rat und seine eigene Regel: ›Klarsichtig ein schlichtes, verschwiegenes, diskretes Leben führen, zwischen klugen Büchern, einigen wenigen Geschöpfen in Liebe zugetan.‹«[138]

Und weiter, unter deutlicher Anspielung auf eine Einlassung eines exponierten Vertreters der »Konservativen Revolution«, Arthur Moeller van den Bruck:

> »Der Reaktionär wird nur in den Epochen ein Konservativer, die etwas bewahren, das es wert ist, erhalten zu werden.«[139]

Daß Strauß unsere »Epoche« zu denen zählen könnte, »die etwas bewahren«, das es wert sein könnte, »erhalten zu werden«, darf vor dem Hintergrund der genannten Einlassungen als unwahrscheinlich gelten. Hier liegt wohl der eigentliche Grund für seine Sympathie mit der Position des »Reaktionärs«, des »unbeirrten Zeitfremdlings«.

Wenn der »Schleier der Zeit« zerreißt

In einem Gespräch mit Ulrich Greiner in der *Zeit* (23/2000) bekannte Strauß, ganz dem verpflichtet, was er zur Position des Reaktionärs ausgeführt hat, daß »wir nichts, aber auch gar nichts« hätten, »was wir in unserem persönlichen Lebens- und Zeitraum als besonders erhaltenswert ansehen könnten«. Er könne mit dem »Wort konservativ nichts anfangen, weil es als ein politisch vollkommen platter Begriff verhunzt« sei und halte es deshalb für notwendig, sich als geistiger, ästhetischer Fundamentalist zu bekennen, der wisse, wann der »›Schleier der Zeit‹ zerreißen kann, und man vor dem nackten Beginn« stehe.

Erinnerung und Tradition durchziehen als Leitbegriffe das Werk: »Man altert«, so Strauß in *Herkunft*, »trotz der sozialen Bedeutungslosigkeit von Tradition, immer noch geradewegs in das hinein, was man einst als rettungslos veraltet empfand.«[140] An einer anderen Stelle merkt er an:

> »Das Gedächtnis ist eine Variable der Sehnsucht, so daß Fernweh und Heimweh, Erwartung und Erinnerung in ein und demselben ›Enzym‹ des Unerreichlichen symmetrisch angeordnet sind.«[141]

Eine Aufgabe des Enzyms ist es, die Zellversorgung zu gewährleisten, giftige Stoffe zu entfernen oder abzubauen, andere zu mobilisieren. Kurz: Enzyme beschleunigen Prozesse, die zur Gewinnung der für den Organismus nötigen Energie erforderlich sind. Strauß versteht die im Gedächtnis eingelagerte Erinnerung also ganz offensichtlich als einen zentralen Bestandteil geistiger Zellversorgung, der für den seelischen Haushalt des Menschen unabdingbar ist.

Erinnerung wird bei Strauß in einem vielfacettigen Sinn gebraucht; sie ist nicht deckungsgleich mit der historischen Erinnerung, sondern im Sinne der poetischen Erinnerung an einen mythischen, außerhistorischen Zustand zu verstehen, wie er in den deutschen romantischen Strömungen gepflegt wurde. Die Pflege dieser Erinnerung ist aus der Sicht von Strauß Dichterpflicht, wie er 1989 in seiner Rede zur Verleihung des Büchnerpreises betont hat: »Anamnesis, nichts sonst« sei Dichterpflicht oder -aufgabe.[142] »Anamnesis« ist das altgriechische Wort für Erinnerung. »Anamnesis« bezeichnet aber auch ein zentrales Konzept in Platons Erkenntnistheorie und Seelenlehre.[143] Alles Wissen ist in der unsterblichen Seele immer schon vorhanden, bei der Geburt aber nicht aktiv abrufbar. Im Laufe seiner Entwicklung hat der Mensch aber alle Möglichkeit, sich dieses Weltwissen wieder anzueignen, in dem er sich an das Vorwissen erinnert. Somit beruht jede Erkenntnis auf Erinnerung (bei Strauß auch als »Einstweh«[144] bezeichnet). Ein Zugang entsteht, wenn das vergessene Wissen durch äußere Anstöße wieder in das Bewußtsein zurückgerufen wird.

Strauß' Bezug auf die platonische »Anamnesis«-Lehre, die auch in den Strömungen der deutschen Romantik[145] rezipiert wurde, unterstreicht, daß es bei seinem Kreisen um Erinnerung um etwas Immerwährendes geht. Ähnlich galt auch in der Romantik die imaginierende Erinnerung als Weg, sich dem Absoluten anzunähern.

Durch Anstöße, die zum Beispiel ein Dichter gezielt gibt, erinnert sich die Seele des Lesenden oder Zuhörenden an etwas, das ihr eigentlich bereits vertraut ist. Dieser Hintergrund illuminiert scheinbar kryptische Straußsche Einlassungen wie die folgenden:

> »Nichts Neues unter der Schädeldecke? Um neues Wissen zu erwerben, muß der Menschengeist vergessen, daß er dasselbe bereits in anderen Symbolen einmal wußte. Wo die Poesie, die wissende, schweigt, verselbständigt sich das Interesse des Geistes an seiner Technik.
> Sie entdecken Hirn und Hirn und wieder Hirn. In dieser Welt. In dieser Blindnis der Dinge. Entflammt für sich selbst das einzigartige Un-Tier.«[146]

Die Einlassung »Nichts Neues unter Schädeldecke?« verweist darauf, daß jede Erkenntnis, jedes Lernen aus der Sicht Platons nichts als Wiedererinnerung ist. Damit soll verdeutlicht werden, wie man etwas suchen und finden kann, was man (scheinbar) nicht weiß, und wie man von der Welt der Sinne aus zur Erkenntnis von nicht Sinnlichem vorstoßen kann.

Weitere Einlassungen finden sich in dem Gedicht »Diese Erinnerung an einen, der nur einen Tag zur Gast war«:

> »Wenn aber keine Erinnerung mehr,
> wen werde ich dann noch befragen?«[147]

Und auch in *Der junge Mann* kommt Strauß auf die Bedeutung der Erinnerung zu sprechen:

> »Denn ohne Mythe und Metapher ist unser zentrales Organ, der Herzkopf, der Bewußtseinstraum,[148] oder nennen Sie es, wie Sie mögen, nicht angeschlossen an

die Ordnung des Lebendigen. Sie bilden den eigentlichen symbiotischen Nährschlund, durch den wir mit Äther und Erde, Tier und Strauch verbunden sind. So auf engste zusammenwirkend erscheint mir dies, daß ich fast sagen möchte: Mit der Wiederkehr der Erinnerung werden auch die Wasser wieder klar.«[149]

Schließlich findet sich im »Anschwellenden Bocksgesang« der Hinweis darauf, daß die »rechte Phantasie« den »Wiederanschluß an die lange Zeit« suche und in ihrem Wesen nach »Tiefenerinnerung« sei:

»Anders als die linke, Heilsgeschichte parodierende Phantasie malt sich die rechte kein künftiges Weltreich aus, bedarf keiner Utopie, sondern sucht den Wiederanschluß an die lange Zeit, die unbewegte, ist ihrem Wesen nach Tiefenerinnerung und insofern eine religiöse und protopolitische Initiation. Sie ist immer und existentiell eine Phantasie des Verlustes und nicht der (irdischen) Verheißung. Eine Phantasie also des Dichters, von Homer bis Hölderlin.«[150]

Und:

»Der Rechte – in der Richte: ein Außenseiter. Das, was ihn zutiefst von der problematischen Welt trennt, ist ihr Mangel an Passion, ihre frevelhafte Selbstbezogenheit, ihre ebenso lächerliche wie widerwärtige Vergesellschaftung des Leidens und des Glückens.«[151]

Martin Tauss hat in seiner Magisterarbeit das Bedeutungsfeld der Formulierung »in der Richte« aufgehellt.[152] Das aus dem Mittelhochdeutschen überlieferte Wort bezeichne »die gerade Richtung«. »In die Richte versetzen« bedeute demnach, etwas in die althergebrachte Ordnung zu bringen. Im »Bocksgesang« fungiere dieses Wortspiel nicht nur als »sanfter Hinweis auf den linkischen Unterton im heiligen Begriff ›Linke‹«, sondern als

> »Sinnbild für die bei Strauß unauflösbare Verklammerung von Politik und Ästhetik generell: das in Unordnung Geratene soll in einer zugleich ästhetischen wie ›protopolitischen‹ Wende wieder ins ›rechte‹ Lot gerückt werden.«[153]

Erinnerung setzt Gedächtnis voraus. Dieses stehe bei Strauß laut Pia Maria Funke

> »für das unerreichbar Vergangene, das Gestalt wird, indem die Sprache bezeugt, daß sie es nicht erreichen kann, für das Unsagbare, das die Sprache sagt, indem sie sagt, daß sie es nicht sagen kann. Dieses Gedächtnis eignet dem Dichter, den Strauß in ›Anschwellender Bocksgesang‹ als Bewahrer einer ›Tiefenerinnerung‹ … ›von unaufgeklärter Vergangenheit‹ … aus dem Strom des ›ganz und gar Heutigen‹ aussondert, und dieses Gedächtnis verfolgen heißt, das Ästhetische definieren, das sich vor dem Hintergrund der Moderne als inkommensurable Größe in der poetischen Sprache abzeichnete.«[154]

Es ist diese Positionierung, die bei Strauß die programmatische Absage an »anarcho-fidele, subversive oder andere verbrauchte Formen der Gesellschaftskritik« begründet. Statt dessen suche die »Ketzerbewegung des ›verbotenen Geistes‹« Verbindungen zu Ordnungen

> »jenseits des soziozentrischen Denkens überhaupt. Sie sagte sich entschieden los von der zutiefst satirischen Intelligenz, die in diesem Land ein nicht enden wollendes, zwanghaftes und längst erschöpftes Nachspiel gab zu einer blutigen, miserablen Tragödie; einer Intelligenz, deren tiefe Überzeugungsleere im übrigen am allerwenigsten dazu geeignet ist, die Nachfolgenden gegen neue Dämonie und ungute Dunkelheit zu feien.«[155]

Strauß plädiert für einen

> »neuen Typus des Außenseiters: den Esoteriker, den Eingeweihten des verborgenen Wissens – und des geschonten Lebens. Gegen den allesüberstrahlenden Scheinwerfer wird sich der Illuminat herausbilden. Gegen das unkenntliche Allgemeine die versprengten Geheimzirkel, die Rosenkreuzer-Bünde der Kunst und des schönen Wissens. Der Gescheitheitsvertrag der Informationsgesellschaft wird von der Ketzerbewegung des ›verbotenen Geists‹ gebrochen. Diese als eine neognostische ist nur wenigen zugänglich und verwahrt sich gegen jede gesellschaftliche Brauchbarkeit.«[156]

Und weiter:

> »Der neue Gnostiker, der ›strukturelle Mehrwisser‹, ist kein Widerständler, sondern ein Standhalter. Seine Entlegenheit bedarf nicht der Weltflucht. Den

> Schlag des Sinns empfängt er in der Lichtung des Allgemeinen. Sein Nunc stans entspringt dem dichtesten Alltagsallerlei.«[157]

Strauß nimmt in einer Reihe seiner Arbeiten, explizit in *Niemand anderes* (1987), den *Fragmenten der Undeutlichkeit* (1989) und in »Angelas Kleider« (1997) direkten Bezug auf gnostische Denkfiguren. In seinem hermetischen Text »Sigé«, der sich in den *Fragmenten der Undeutlichkeit* findet, verweist bereits der Titel auf einen gnostischen Kontext. Das altgriechische Wort »Sigé« bedeutet übersetzt Zustand der Ruhe, in dem nicht gesprochen wird, also Schweigen oder Stille. Strauß selbst schreibt, »Sigé« sei das

> »Schweigen der Ideen. Die Stätte. Der Schweigende, der Wächter. Kein härterer Wechsel, kein tieferer Gegensatz als der zwischen Treiber und Wächter. Taraché[158] oder Sigé. Die Treiber jagen uns in den leeren Umlauf, Verwandlung von diesem in jenes, die nichts mehr zum Ziel hat, weder das Gold noch den Stein der Weisen. Die Wächter aber strecken den Arm aus und weisen über die Runde hinaus: Dort ist etwas anderes! Dort herrscht der Unterbrecher! Alles umtaufen!«[159]

Zweifelsohne richtet sich der Begriff »Treiber« gegen die herrschende Aufklärungskultur, die das »Erbe der Geschichte zerstört und den Menschen jeder höheren Bedeutsamkeit beraubt«,[160] wie Herwig Gottwald anmerkte. Der österreichische Philosoph Peter Strasser deutet den Gegensatz Treiber – Wächter als zentral für das Werk von Botho Strauß. »Die Wächter«, so Strasser, »zeigen auf das Jenseits der Welt. Dort herrscht Gott, der Unterbrecher des leeren Umlaufs der Worte, herrscht der, der unendlich tief schweigt, nichts sonst.«[161]

In den *Fragmenten der Undeutlichkeit* nimmt Strauß am offenkundigsten Bezug auf die hermetische Tradition, die durch Novalis poetisiert wurde. Novalis' Spiritualisierung der Sprache wird in seiner Vision der »blauen Blume« in dem Romanfragment *Heinrich von Ofterdingen* oder der Schrift »Accord aus des Weltalls Symphonie« in den *Lehrlingen zu Saïs* für die Dichtung fruchtbar gemacht und im Begriff der »Progressiven Universalpoesie«, die von Friedrich Schlegel entwickelt wurde, fixiert. Die »Universalpoesie« erhebt den Anspruch, alle Lebens- und Kunstbereiche, alle wissenschaftlichen und künstlerischen Tätigkeiten, alle Äußerungen des Denken und Fühlens im Rahmen eines umfassenden Literaturverständnisses zu amalgamieren. Das Schlegelsche Konzept einer »progressiven Universalpoesie« hebt die Unterscheidung zwischen Erzählung und Reflexion auf und überwindet damit den Graben zwischen Theorie und Poesie. Daß Strauß von diesem Konzept beeinflußt ist, zeigt unter anderem seine Einlassung: »Bei Schlegel zuerst: daß es ein noch nicht in Idee und Fiktion auseinanderfallendes Projekt gibt.«[162]

Die Metapher von »Fleck und Linie«

Auch die Tiefendimensionen der Tragödie lassen sich in das einzeichnen, was oben mit Blick auf den »Wächter« und dem Verweis auf das »andere« ausgeführt wurde. Im

»Bocksgesang«, der altgriechischen Tragödie, hat die nachahmende Darstellung, wie Aristoteles hervorhob, vor allem einen ethischen Zweck, nämlich die Seele durch die Nachahmung der Affekte des Menschen, ihrer Erregung und Steigerung zu reinigen. Die Funktion der Katharsis, die Grundlage des traditionellen Theaters, erodiert aber in einer Gesellschaft, die existentielle Grenzerfahrungen und »große Gefühle« banalisiert oder dekonstruiert, was ursächlich mit der schleichenden Auflösung des Ichs als Garant von Identität zusammenhängt. Strauß nennt in seinem Werk die französischen Philosophen Michel Foucault, Jacques Lacan und Jean Baudrillard, aber auch den Ethnosoziologen Claude Lévi-Strauss, die mit ihren Arbeiten zur Auflösung des cartesianischen Subjektbegriffs und damit des neuzeitlichen Menschenbildes beigetragen haben. Das Ich verschwindet in deren Philosophien hinter psychischen Tiefenprozessen, gesellschaftlichen Ordnungssystemen oder kollektiven mentalen Strukturen. Strauß plädiert demgegenüber für eine Wiedereinsetzung des Menschen als »Krone der Schöpfung« im Zeichen einer religiösen Erneuerung. Dem Dichter kommt dabei eine quasi-sakrale Rolle zu, da er ihm die religiöse Kategorie des Schöpferischen zuschreibt.

Eine wesentliche Aufgabe des Dichters besteht für Strauß vor diesem Hintergrund zum Beispiel darin, in Abgrenzung zu den »Denk-Satirikern« der Gegenwartsphilosophie, die nichts Entwerfendes oder Bleibendes zustande bringen, die technischen Einsichten in die Natur in poetische Sprache zu übersetzen. In einem seiner zentralen Texte, nämlich »Beginnlosigkeit« aus dem Jahre 1992, fordert er – in Auseinandersetzung mit den Erkenntnissen der Naturwissenschaften,[163] der Anthropologie und der Kybernetik –, eine Art Restitution des Geheimnisses. Er bringt dafür die Kategorien »Fleck« und »Linie« ins Spiel, mit denen er Wissen und Ästhetik miteinander konfrontiert. »Fleck« steht für Unklarheit, Diffusion und Undeutlichkeit; »Linie« für völlige Eindeutigkeit und Nüchternheit. Strauß plädiert mit Blick auf die Welt der Chaos-Theorie, der Quarks und Superstrings, für eine »Ästhetik der Verschwommenheit«.[164] In *Beginnlosigkeit* schreibt er beispielsweise:

> »Der Fleck und die Linie.
> *Er* ist alles seelisch Gemeinte, nicht konturierbar, in mehrdeutiger Gestalt sich verlaufend.
> *Sie* ist die gebündelte Helle, und ihr Mysterium ist ihr offenes Ende, ihre Unabsehbarkeit. Liebe ist Fleck, Schrift ist Linie. Gesicht ist Fleck, Schritte sind Linie.«[165]

Strauß spielt hier auf das konservativ-revolutionäre Leitbild von »Linie und Kugel« an, wie es Armin Mohler identifiziert hat: die Linie repräsentiert hier eine lineare Geschichts- und Zeitauffassung, wohingegen die Kugel auf eine zyklische Zeitauffassung verweist. Die lineare Zeitauffassung korrespondiert mit der modernen, linearen Zeitauffassung, nach der sich Geschichte kontinuierlich fortentwickelt. Fortschrittsdenken und Utopien wären ohne dieses Zeit- und Geschichtsverständnis nicht möglich. Nach Mohler ist dieses Zeitverständnis für das Abendland »schicksalsbestimmend« geworden. »Zusammen mit … den Fortschrittslehren jeder Art«, so Mohler, habe es »die

›moderne Welt‹ geschaffen, gegen welche sich der konservativrevolutionäre Aufstand richtet.«[166]

Das Bild der Kugel hingegen, inspiriert durch Nietzsches Diktum von der »ewigen Wiederkehr des Gleichen«, steht für ein zyklisches Zeit- und Geschichtsverständnis, wonach sich Geschichte in Zyklen von Hoch- und Krisenphasen wiederholt.

Nach Mohler spiegelt auch die Sprache bis in ihre grammatische Struktur hinein die lineare Zeitauffassung wider; eine Sichtweise, die auch Strauß teilt, wenn er in *Beginnlosigkeit* feststellt:

> »Kaum ein Satz, eine Wendung in der Sprache wohldurchdachter Mitteilungen, etwa in Zeitungs- und Zeitschriftenaufsätzen, die ihm nicht auf Anhieb das Abgegriffene einer ganzen Denkart offenbarten; kaum etwas, das er nicht auf schmerzliche Weise als unterpoetisch oder myzellos ausgedrückt empfand und als lineare Untat verabscheute.«[167]

Es geht also nicht zu weit, wenn man feststellt, daß das zyklische Zeitverständnis für die Ästhetik von Botho Strauß von zentraler Bedeutung ist. Seine Gegenwartskritik ist Kritik an einer linearen, fortschrittsgläubigen Zeitauffassung, der er eine ästhetische Gegenwelt gegenüberstellt. Strauß erweitert aber die konservativ-revolutionäre Zeitauffassung, indem er kybernetische Zeitauffassungen berücksichtigt. Kybernetik ist nach ihrem Begründer Norbert Wiener die Wissenschaft der Steuerung und Regelung von Maschinen, lebenden Organismen und sozialen Organisationen und wird auch auf die Formel »Die Kunst des Steuerns« gebracht.

In *Beginnlosigkeit* spricht Strauß sogar von einer »kybernetischen Epoche«:

> »So stoßen wir in all unserem gegenwärtigen Wissen immer wieder auf die eine In- und Grundgestalt, allumfassendes Diagramm von Leben und Technik, Uroboros der Rückkopplungsschleife, die herrschaftliche Wahrnehmungsfigur der kybernetischen Epoche.«[168]

Der Uroboros ist ein bereits in der Ikonographie des Alten Ägyptens belegtes Bildsymbol einer Schlange, die sich in den eigenen Schwanz beißt und so mit ihrem Körper einen geschlossenen Kreis bildet.

Was genau kritisiert Strauß nun an der nach vorn gerichteten, linearen Fortschrittsgläubigkeit? In *Niemand anderes* gibt er eine Antwort:

> »Wer hingegen Entstehungsgeschichte ernst nimmt, dem ist das Ende offen. Alles, was überhaupt ist, begreift er aus einer Ausschüttung, einem Schwall Raum und Zeit sich strecken und entfernen. Er läßt auch dem jeweils Bestehenden, das er genau betrachtet, eine größere Gerechtigkeit wiederfahren als der negative Utopist, der kaum genauer hinsieht, sondern mit augenzwinkerndem Verstand zu bedeuten gibt, daß alles übel ist und seiner gesellschaftlichen Erlösung harrt.«[169]

Auf den Punkt gebracht kritisiert Strauß hier den Tunnelblick der »negativen Utopisten«, deren Fixiertheit auf tatsächliche oder vermeintliche gesellschaftliche Übel ein verzerrtes Bild der Gegenwart nach sich zieht. Der »negative Utopist« lebt nicht im Hier und Heute, sondern von der Erlösungsperspektive her, von der aus gesehen die Gegenwart nur von Übel sein kann.

Strauß' Plädoyer für die »Romantiker des Wissens«

In der Fruchtbarmachung einer zyklischen Ontologie des Werdens, die die Fortschrittsperspektive in einen größeren Rahmen stellt, erblickt Strauß eine wesentliche Aufgabe des Dichterischen. Wohlgemerkt: Er verwirft nicht die lineare Fortschrittsperspektive, sondern versucht eine Verbindung beider Zeitverständnisse, indem er sich dem romantischen Ideal einer Verschmelzung von Wissen und Mythos annähert. So schreibt er in *Niemand anderes*:

> »Man braucht die Romantiker des Wissens, wie Novalis und Friedrich Schlegel es waren. Jedes große Wissen braucht ein mystisches Geleit, wodurch es in den gesellschaftlichen Geist eingeführt wird. Ohne vorherige Verschmelzung wird es nicht symbolfähig.«[170]

Strauß deutet Sprache als Symbol von Welt. Ein Verfahren wie die Dekonstruktion zerstört diesen Zusammenhang und damit Wissen und Erinnerung. Es bleibt dann nur noch das Hier und Jetzt, was Strauß mit der Bezeichnung »Gegenwartsnarrentum«[171] auf den Punkt gebracht hat.

Gegenüber dem reflexhaft erhobenen Irrationalismusvorwurf,[172] der hier und da erhoben wurde, ist festzuhalten, daß Strauß dem Rationalismus in keiner Weise ausweicht, im Gegenteil. In *Niemand anderes* macht er nämlich unmißverständlich deutlich:

> »Im Erklärungszeitalter kommen die intuitiven Begriffe in Bedrängnis. In allen Hintergründen sitzen die … patenten Entschlüssler. Nur durch sie hindurch, nicht an ihnen vorbei kann sich der intuitive Begriff neu bilden. (…) Wir haben aber dem Wissen nichts entgegenzusetzen – in keinem Land, in keiner Kultur, in keinem Bewußtsein. Es hat uns ethisch, philosophisch, poetisch in der Hand.«[173]

Die Erklärungen können aber nach Strauß nicht das letzte Wort gewesen sein, denn:

> »Das letzte Wort hat der Dichter. Nicht jetzt. Nicht zwischendrin, solange alle noch laut und getrennt vor sich hin reden. Aber später, wenn die Stimmen verebben und die Erde ganz Ohr wird.«[174]

Das Schrifttum und der Geist einer Nation

Das Mittel des Dichters ist die Sprache, und zwar in dem Sinne, wie es Hugo von Hofmannsthal in einer Rede mit dem Titel »Das Schrifttum als geistiger Raum der Nation«[175] am 10. Januar 1927 im Auditorium maximum der Universität München formuliert hat:

> »In einer Sprache finden wir uns zueinander, die völlig etwas anderes ist als das bloße natürliche Verständigungsmittel; denn in ihr redet Vergangenes zu uns, Kräfte wirken auf uns ein und werden unmittelbar

> gewaltig, denen die politischen Einrichtungen weder Raum zu geben, noch Schranken zu setzen mächtig sind, ein eigentümlicher Zusammenhang wird wirksam zwischen den Geschlechtern, wir ahnen dahinter ein Etwas waltend, das wir den Geist der Nation zu nennen uns getrauen.«[176]

Bei Hofmannsthal ist das Schrifttum »alles Höhere, des Merkens würdige«,[177] das durch die Schrift überliefert wird. Egal auf welchem Niveau geschrieben wird, Hofmannsthal würdigt die »Sorgfalt, mit welcher es (das Geschriebene) eine reine Sprache anstrebt und die Gedanken klar und wohlgeordnet und faßlich wiedergeben will.« Nicht das »Hinreißende der Einmaligkeit« oder die Aufmerksamkeit auf »das biographische Mysterium«, sondern »auf das aus der Leistung abnehmbare Gesetz«[178] führt dazu, daß sich eine Sprachnorm entwickelt:

> »Die Blüte dieser Tendenz ist die Sprachnorm, welche die Nation zusammenhält und innerhalb ihrer dem Spiel widerstreitender Tendenzen – der aristokratischen wie der nivellierenden, der revolutionären wie der konservativen – Raum gewährt.«[179]

»Der Raumbegriff, der aus diesem geistigen Ganzen emaniert, ist identisch mit dem Geisterraum, den die Nation in ihrem Bewußtsein und in dem der Welt einnimmt.«[180] Dies gilt für Frankreich, wo die Nation über drei Jahrhunderte »durch ein unzerreißbares Gewebe des Sprachlich-Geistigen zusammengehalten« wird. Hofmannsthal schlußfolgert daraus eine

> »Glaubensgemeinschaft, in der das Ganze des natürlichen und kultürlichen Lebens einbeschlossen ist; ein Nationalstaat dieser Art erscheint als das innere Universum und von Epoche zu Epoche immer aufs neue als ›das gedrungene Gegenstück zur deutschen Zerfahrenheit‹.«[181]

Nietzsches Begriff des »Suchenden« (*Unzeitgemäße Betrachtungen*) übernimmt Hofmannsthal, weil Nietzsche darunter »alles Hohe, Heldenhafte und auch ewig Problematische in der deutschen Geistigkeit zusammenfaßte und es gegenüberstellte allem Satten, Schlaffen, Matten, aber in der Schlaffheit Übermütigen und Selbstzufriedenen: dem deutschen Bildungsphilister«.[182]

Hofmannsthal wendet sich gegen die »deutschen Bildungsphilister«, »daß man sich behaglich niederlasse auf dem Fundament einer Bildung«.[183] Hingegen seien die Suchenden die »Träger« einer »produktiven Anarchie«.[184]

Hofmannsthal schlägt insofern die Brücke zur Romantik, als er 1906 in seinem Aufsatz »Der Dichter und diese Zeit« den Anspruch auf geistige Führerschaft des Dichters seinem Publikum gegenüber vertritt. Das Aufheben von Raum und Zeit beim Lesen führe zur absoluten Poesie, zum Werk des Dichters.

Die Poesie als trennungsüberwindend wurde, wie oben erwähnt,[185] idealtypisch in der romantischen Utopie bei Novalis begründet. In seinem symbolischen Roman *Heinrich von Ofterdingen* (1802) entwirft er eine Neue Mythologie, die »Religion der Poesie«. Sie ist das einzige Mittel, die Einheit von Natur und Mensch wiederherzustellen. Der

Künstler (Dichter) als schöpferischer Mensch kann nur in der idealen Welt, also in der Anbindung an die Schöpfung Gottes (Natur) als wahres Vorbild (Orientierungsgröße) gelten.

In *Beginnlosigkeit* stellt Strauß in Anspielung auf Friedrich Schlegel hierzu fest:

> »Bei Schlegel zuerst: daß es ein noch nicht in Idee und Fiktion auseinanderfallendes Projekt gibt – und die Einheit, die Wechselbeziehung der beiden auch nur als Projekt weiterzuführen ist; daß nur Verbindungen zählen, Pässe, nicht der fertige, durch Form getilgte Stoff. Formen sind eben auch Bewegungsformen. (...) Formen sind Nervenformen, Gittersprünge, Gedächtnisläufe, organische, technische Morpheme, die die Trennung von Innen und Außen, von Materie und Geist, von Empirie und Imagination aufheben; Mikroprozesse, Systemverwebungen, die insgesamt von keiner Ursache herrühren und zu keiner Schlüssigkeit tendieren.«[186]

Das Schrifttum als geistiger Ort einer Nation ist der Ort dieser Systemverwebungen von Idee und Fiktion. Diese Erkenntnis dient Botho Strauß meines Erachtens als eigentliches *movens* für sein dichterisches Selbstverständnis: Der Begriff der Nation ist letztlich nur noch dichterisch, geistig faßbar. Hiermit schließt Strauß an die Geistesströmungen der Romantik an. In deren Geist entwirft er eine ästhetische Gegenwelt, die er in *Beginnlosigkeit* pointiert wie folgt auf den Punkt bringt:

> »Außerhalb des Dichters [kann] nichts eigentlich mehr deutsch sein.«[187]

Mit dieser Positionierung ist nicht nur eine Absage an den herrschenden Kulturbegriff verbunden, sondern auch die Selbstverortung, die Strauß im »Anschwellenden Bocksgesang« wie folgt skizziert:

> »Es ist überhaupt keine Frage, daß man glücklich und verzweifelt, ergriffen und erhellt leben kann wie eh und je, freilich nur außerhalb des herrschenden Kulturbegriffs. Was sich stärken muß, ist das Gesonderte. Das Allgemeine ist mächtig und schwächlich zugleich. Der Widerstand ist heute schwerer zu haben, der Konformismus ist intelligent, facettenreich, heimtückischer und gefräßiger als vordem, das Gutgemeinte gemeiner als der offene Blödsinn, gegen den man früher Opposition oder Abkehr zeigte.«[188]

Anhang

Siglenverzeichnis

ABo	*Anschwellender Bocksgesang*
BEG	*Beginnlosigkeit*
DAsW	*Der Aufstand gegen die sekundäre Welt*
DjM	*Der junge Mann*
ETG	*Diese Erinnerung an einen, der nur einen Tag zu Gast war*
FdK	*Die Fehler des Kopisten*
HK	*Herkunft*
KF	*Kalldewey, Farce*
LdT	*Lichter des Toren. Der Idiot und seine Zeit*
NA	*Niemand anderes*
PP	*Paare, Passanten*
TdW	*Trilogie des Wiedersehens*
WtE	*Wollt ihr das totale Engineering?*

Werküberblick Botho Strauß (in Auswahl)

a) Theaterstücke [UA = Uraufführung]

Die Hypochonder (UA: 22. November 1972)
Das Sparschwein (Übersetzung und Bearbeitung der Komödie von Eugène Labiche; UA: August 1973)
Bekannte Gesichter, gemischte Gefühle (UA: 2. September 1975)
Trilogie des Wiedersehens (UA: 18. Mai 1977)
Groß und klein (UA: 6. Dezember 1978)
Kalldewey, Farce (UA: 31. Januar 1982)
Der Park 1983 (nach *Ein Sommernachtstraum* von William Shakespeare – UA: 5. Oktober 1984)
Die Fremdenführerin (UA: 15. Februar 1986)
Molières Misanthrop (Übersetzung und Nachdichtung des Stückes von Molière – UA: 20. November 1987)
Sieben Türen (UA: 20. November 1988)
Die Zeit und das Zimmer (UA: 8. Februar 1989)
Schlußchor (UA: 1. Februar 1991)
Angelas Kleider (UA: 4. Oktober 1991)

Das Gleichgewicht (UA: 26. Juli 1993)
Ithaka (UA: 19. Juli 1996)
Jeffers-Akt I und II (UA: 21. April 1998)
Die Ähnlichen (UA: 6. Juni 1998)
Der Kuß des Vergessens (UA: 28. November 1998)
Lotphantasie (UA: 27. Mai 1999)
Der Narr und seine Frau heute abend in Pancomedia (UA: 7. April 2001)
Unerwartete Rückkehr (UA: 9. März 2002)
Die eine und die andere (UA: 27. Januar 2005)
Nach der Liebe beginnt ihre Geschichte (UA: 16. September 2005)
Schändung (nach *Titus Andronicus* von William Shakespeare – UA: 7. Oktober 2005)
Leichtes Spiel (UA: 2. April 2009)
Das blinde Geschehen (UA: 11. März 2011)

b) Erzählungen, Romane, Prosaskizzen

Schützenehre (Erzählung), Düsseldorf 1975
Marlenes Schwester (Erzählungen), München/Wien 1975
Die Widmung (Erzählung), München/Wien 1977
Rumor (Roman), München/Wien 1980
Paare, Passanten (Kurzprosa), München/Wien 1981
Der junge Mann (Roman), München/Wien 1984
Diese Erinnerung an einen, der nur einen Tag zu Gast war (Gedicht), München/Wien 1985
Niemand anderes (Prosa), München/Wien 1987
Kongreß. Die Kette der Demütigungen, München 1989
Über Liebe (Geschichten und Bruchstücke), Stuttgart 1989
Fragmente der Undeutlichkeit (ein Dialog und eine poetologische Meditation zu Robinson Jeffers), München/Wien 1989
Beginnlosigkeit (Reflexionen über Fleck und Linie), München/Wien 1992
Wohnen, Dämmern, Lügen (Kurzprosa), München/Wien 1994
Die Fehler des Kopisten (Aufzeichnungen), Hanser, München/Wien 1997.

Das Partikular (Erzählungen), München/Wien 2000
Die Nacht mit Alice, als Julia ums Haus schlich (Erzählungen), München/Wien 2003
Der Untenstehende auf Zehenspitzen (Prosa), München/Wien 2004
Mikado (Erzählungen), München/Wien 2006
Der Mittler (5 Kalendergeschichten mit 8 Kreidezeichnungen [mit Neo Rauch]) Münster 2006
Die Unbeholfenen. Bewußtseinsnovelle, München 2007
Vom Aufenthalt (Erzählungen), München 2009
Sie/Er (Erzählungen), München 2012
Die Fabeln von der Begegnung (Erzählungen), München 2013
Lichter des Toren. Der Idiot und seine Zeit, München 2013
Der zurück in sein Haus gestopfte Jäger (Texte), Reinbek 2014
Herkunft, München 2014
Allein mit allen. Gedankenbuch, München 2014
Oniritti Höhlenbilder, München 2016

c) Essays, Glossen und andere Texte (in Auswahl)

Versuch, ästhetische und politische Ereignisse zusammenzudenken: Texte über Theater 1967–1986, Frankfurt am Main 1987
Beherrscht fort und fort, Spiegel-Special II/1989, 1. Februar 1989
Der Aufstand gegen die sekundäre Welt. Bemerkungen zu einer Ästhetik der Anwesenheit, München 1999
Anschwellender Bocksgesang. In: *Der Spiegel*, 6/1993. Langversion in: *Der Pfahl. Jahrbuch aus dem Niemandsland zwischen Kunst und Wissenschaft* VII, München 1993;
Heimo Schwilk/Ulrich Schacht (Hrsg.): *Die selbstbewußte Nation. »Anschwellender Bocksgesang« und weitere Beiträge zu einer deutschen Debatte*, Berlin 1994
Der Buchstabe wird zum Atemzug. Das Genie der Werkversessenheit: Dem Regisseur Peter Stein zum sechzigsten Geburtstag. In: *FAZ*, 27. September 1997
Der Gebärdensammler: Texte zum Theater, Frankfurt am Main 1999

Das letzte Jahrhundert des Menschen.
Was aber kommen wird ist Netzwerk. Bemerkungen zu Sein und Zeit. In: *FAZ*, 2. Januar 1999
Wollt ihr das totale Engineering? In: *Die Zeit*, 52/2000, 20. Dezember 2000
Orpheus aus der Tiefgarage. Botho Strauß über Gene, Liebe und die Verbrechen der Intimität. In: *Der Spiegel*, 9/2004
Man muß wissen, wie die Sonne funktioniert. In: *FAZ*, 21. Oktober 2005
Der Konflikt. In: *Der Spiegel*, 7/2006
Was bleibt von Handke? In: *FAZ*, 1. Juni 2006
Spengler persönlich, in: *FAS*, 19. August 2007
Der Maler löst den Bann: über Gerhard Richter und seine »übermalten Fotos«. In: *Der Spiegel*, 30/2008
Heideggers Gedichte. In: *FAZ*, 19. September 2008
Uns fehlt ein Wort, ein einzig Wort. In: *FAZ*, 23. August 2011
Der Plurimi-Faktor: Anmerkungen zum Außenseiter. In: *Der Spiegel* 31/2013
Die Schläfenparallele. Über das Wesen der Freundschaft. In: *Die Zeit*, 30. März 2015
Der letzte Deutsche. Uns wird die Souveränität geraubt, dagegen zu sein. In: *Der Spiegel*, 41/2015
Reform der Intelligenz. In: *Die Zeit*, 30. März 2017

Sekundärliteratur (in Auswahl)

Adorno, Theodor W.: *Kulturkritik und Gesellschaft.* In: *Gesammelte Schriften*, Band 10.1: *Kulturkritik und Gesellschaft I, »Prismen. Ohne Leitbild«.* Frankfurt am Main 1977
ders.: *Minima Moralia*, Frankfurt am Main 1988
ders.: *Ästhetische Theorie*, Frankfurt/Main 1973, 9. Auflage 1989

Assmann, Jan: *Die Katastrophe des Vergessens. Das Deuteronomium als Paradigma kultureller Mnemotechnik*, in: Aleida Assmann/Dietrich Harth (Hrsg.): *Mnemosyne. Formen und Funktionen kultureller Erinnerung*, Frankfurt/Main 1991, S. 337–355

Becker, Peter von: *Abschied von Botho Strauß*, in: *Theater heute*, 35, 12/1994, S. 4 f.
Bergfleth, Gerd: *Beginnlosigkeit*, in: *Der Pfahl* VI, München 1992
Breuer, Stefan: *Ästhetischer Fundamentalismus. Stefan George und der deutsche Antimodernismus*, Darmstadt 1995
Büdenbender, Stefan: *Zeit und Naturwissenschaften bei Botho Strauß. Zur ästhetischen Gestaltung ihrer Beziehung*, Inauguraldissertation zur Erlangung des Doktorgrades am Fachbereich II (Sprach-, Literatur- und Medienwissenschaften), Trier 2008
Burkert, Walter: *Anthropologie des religiösen Opfers*, München 1984
Craciun, Ioana: *Die Politisierung des antiken Mythos*, Tübingen 2000
Damm, Steffen: *Die Archäologie der Zeit. Geschichtsbegriff und Mythosrezeption in den jüngeren Texten von Botho Strauß*, Opladen 1998
Freyer, Hans: *Theorie des gegenwärtigen Zeitalters*, Stuttgart 1955
Funke, Pia-Maria: *Über das Höhere in der Literatur. Ein Versuch zur Ästhetik von Botho Strauß*, Würzburg 1996
Girard, René: *Das Heilige und die Gewalt*, Frankfurt/Main 1992
Gottwald, Herwig: *Mythos und Mythisches in der Gegenwartsliteratur.* Stuttgarter Arbeiten zur Germanistik, Stuttgart 1996
Greiner, Bernhard: *Die Komödie. Eine theatralische Sendung*, Tübingen 1992
Greiner, Ulrich: *Heimatlos. Bekenntnisse eines Konservativen*, Reinbek bei Hamburg 2017
Hage, Volker: *Schreiben ist eine Séance*, in: Michael Radix (Hrsg.): *Strauß lesen*, München – Wien 1987
ders.: *Der Dichter nach der Schlacht. Eine Begegnung mit Botho Strauß im Sommer 1993*, in: *Weimarer Beiträge*, 40/1994, S. 179–189
Hofmannsthal, Hugo von: *Das Schrifttum als geistiger Raum der Nation*, München 1927
ders.: *Ein Brief*, in: *Essays, Reden und Vorträge*, hrsg. von Michael Holzinger, Berliner Ausgabe 2013
Lukács, Georg: *Die Zerstörung der Vernunft*, Berlin (Ost) 1954
Matuschek, Stefan: *Poesie der Erinnerung. Friedrich Schlegels Wiener Literaturgeschichte*, in: *Erinnern und Vergessen in der europäischen Romantik*, hrsg. von Günter Oesterle, Würzburg 2001

Meyer, Thomas: *Was ist Fundamentalismus? Eine Einführung*, Wiesbaden 2011
Mohler, Arnim: *Die Konservative Revolution in Deutschland 1918–1932*. Ein Handbuch, Stuttgart 1950, 4. Auflage, Darmstadt 1994 (zuletzt 2005 in der 6., von Karlheinz Weißmann überarbeiteten Auflage im Grazer Ares Verlag veröffentlicht)
Oberender, Thomas (Hrsg.): *Unüberwindliche Nähe. Texte über Botho Strauß. Theater der Zeit*, Berlin 2004
Piwoni, Eunike: *Nationale Identität im Wandel: Deutscher Intellektuellendiskurs zwischen Tradition und Weltkultur*, Berlin 2012
Radix, Michael: *Strauß lesen*, München/Wien 1987
Schauberger, Sebastian: *Jetzt war schon immer. Studien zum Theater von Botho Strauß*, Hamburg 2015
Schneider, Michael: *Den Kopf verkehrt aufgesetzt oder Die melancholische Linke. Aspekte des Kulturzerfalls in den siebziger Jahren*, Neuwied 1981
Spengler, Oswald: *Ich beneide jeden, der lebt: Die Aufzeichnungen »Eis heauton« aus dem Nachlaß*, Düsseldorf 2007
Steiner, George: *Der Aufstand gegen die sekundäre Welt*, München 1990
Tauss, Martin: *Rhetorik des Rechten. Botho Strauß' konservative Kulturkritik im »Anschwellenden Bocksgesang«*, Diplomarbeit, Wien 1999
Tenbruck, Friedrich: *Die unbewältigten Sozialwissenschaften*, Köln 1984
Thomas, Nadja: *Der Aufstand gegen die sekundäre Welt: Botho Strauß und die »Konservative Revolution«*, Würzburg 2003
Wiesberg, Michael: *Botho Strauß. Dichter der Gegen-Aufklärung*, Perspektiven 3, Dresden 2002
Wille, Franz: *Bekenntnisse eines Unpolitischen?* In: *Theater heute*, 35, 12/1994, S. 1–4
Willer, Stefan: *Botho Strauß zur Einführung*, Hamburg 2000
Zugmann, Patricia: *In der Schwebe. Subjektivität und Ästhetik in Botho Strauß' Dramen Besucher, Schlußchor und Das Gleichgewicht*, Dissertation, München 2003

Anmerkungen

1 Bei dem Essay im *Spiegel* handelte es sich um eine Kurzfassung des ABo; die Langfassung erschien in: *Der Pfahl. Jahrbuch aus dem Niemandsland zwischen Kunst und Wissenschaft* VII (1993), S. 9–25, sowie in Heimo Schwilk/Ulrich Schacht (Hrsg.): *Die selbstbewußte Nation. »Anschwellender Bocksgesang« und weitere Beiträge zu einer deutschen Debatte*, Berlin 1994. Zitiert wird im folgenden aus der *Spiegel*-Ausgabe 6/1993, 8. Februar 1993, S. 203–207, die der Ausgangspunkt der Debatte war.

2 Dieser »kleine Sohn«, Simon Strauß, geb. 1988, ist mittlerweile mit einem Debütroman (*Sieben Nächte*, Berlin 2017) hervorgetreten.

3 FdK, S. 36.

4 BEG, S. 122.

5 Ebd.

6 Ebd.

7 PP, S. 92.

8 Herwig Gottwald: *Mythos und Mythisches in der Gegenwartsliteratur*, Stuttgart 1996, S. 141.

9 Christian Walter: Poetologien der Transzendenz, in: Jürgen Egyptien: *Literatur in der Moderne: Jahrbuch der Walter-Hasenclever-Gesellschaft*, Bd. 7 (2010/2011), Göttingen 2011, S. 109.

10 Anja Maria Richter: Das Studium der Stille, *Berliner Beiträge zur Literatur- und Kulturgeschichte* 8, Frankfurt/Main 2011, S. 32. Im »Bocksgesang« spricht Strauß vom »Wiederanschluß an die lange Zeit«, die ihrem Wesen nach »Tiefenerinnerung und insofern eine religiöse oder protopolitische Initiation« sei. Sie sei eine »Phantasie also des Dichters, von Homer bis Hölderlin«.

11 Zitiert in Ulrich Greiner: *Heimatlos. Bekenntnisse eines Konservativen*, Reinbek bei Hamburg 2017, S. 103.

12 PP, S. 96.
13 HK, S. 82.
14 Ebd., S. 12.
15 Ebd., S. 9.
16 Ebd., S. 11.
17 Volker Hage: Schreiben ist eine Séance, in: Michael Radix (Hrsg.): *Strauß lesen*, München/Wien 1987, S. 199.
18 HK, S. 12 f.
19 Reinhard Pabst: Dieser Herr wohnt hier nicht mehr. Lokaltermin in Bad Ems: Was die kleine Kurstadt mit der großen Vergangenheit über die Herkunft von Botho Strauß verrät; in: *FAZ*, 22. Dezember 2014, S. 11.
20 HK, S. 23.
21 Auch hier gab offenbar eine Vorprägung durch den Vater, schreibt Strauß in *Herkunft* doch: »Thomas Mann war nicht nur sein [des Vaters] bevorzugter Autor (namentlich der frühe der monarchistischen Phase), sondern ein Stimmungsverwandter in der Betrachtung des geschichtlichen Lebens, das im Falle meines Vaters an Aufstieg und Niedergang von Reichen mehr aufwendete, als gewöhnlich einer Generation zugemutet wird. Er belieh ihn auch stilistisch.« HK, S. 11.
22 Volker Hage: Schreiben ist eine Séance, in: Michael Radix (Hrsg.): *Strauß lesen*, München/Wien 1987, S. 189.
23 Am Rand. Wo sonst. Ein »Zeit«-Gespräch mit Botho Strauß, von Ulrich Greiner, in: *Die Zeit Online*, 6. Februar 2003 [Letzter Abruf: 24. August 2017].
24 Henriette Herwig: Der Einzelne ist heute ungeheuer gefährdet. Eine Begegnung mit Botho Strauß, in: *Berner Tageszeitung*, 1. Dezember 1984, S. 1.
25 Am Rand. Wo sonst (vgl. Anm. 23).
26 Ebd.
27 Henriette Herwig (vgl. Anm. 24).
28 Volker Hage: Schreiben ist eine Séance, in: Michael Radix (Hrsg.): *Strauß lesen*, München/Wien 1987, S. 195.
29 Ebd., S. 199.
30 Strauß nennt hier explizit deren Werke *Der Gesang der Sirenen* (Blanchot) und *Poetik des Raumes* (Bachelard).
31 Thomas Oberender (Hrsg.): *Unüberwindliche Nähe. Texte über*

Botho Strauß, Verlag Theater der Zeit, Berlin 2004, S. 15.

32 Volker Hage: Schreiben ist eine Séance, in: Michael Radix (Hrsg.): *Strauß lesen*, München/Wien 1987, S. 189.

33 Michael Schneider: *Den Kopf verkehrt aufgesetzt oder Die melancholische Linke. Aspekte des Kulturzerfalls in den siebziger Jahren*, Neuwied 1981, S. 247.

34 Stefan Willer: Botho Strauß zur Einführung, Hamburg 2000, S. 61.

35 Ebd., S. 63.

36 *Rumor*, S. 49.

37 *Rumor*, S. 144 f.

38 Die *Minima Moralia* spricht Strauß hier direkt an, allerdings als überwundenes Stadium seiner geistigen Metamorphosen: »Heimat kommt auf (die doch keine Bleibe war), wenn ich in den ›Minima Moralia‹ wieder lese. Wie gewissenhaft und prunkend gedacht wurde, noch zu meiner Zeit! Es ist, als seien seither mehrere Generationen vergangen.« PP, S. 115.

39 Christian Schulz-Gerstein: Das Evangelium des kritischen Opportunisten, in: *Der Spiegel* 35/1982, S. 164–167.

40 Peter von Becker: Die Minima Moralia der achtziger Jahre. Notizen zu Botho Strauß' »Paare, Passanten« und »Kalldewey Farce«, in: *Merkur* 2/1982, S. 150–160.

41 Theodor W. Adorno: *Ästhetische Theorie*, Frankfurt/Main 1973, 9. Auflage 1989, S. 336.

Kunst, vor allem die moderne Kunst, ist aus der Sicht von Adornos Fragment *Ästhetische Theorie*, das posthum im Spätherbst 1970 herausgegeben wurde, subversive immanente Bewegung gegen die Gesellschaft (*Ästhetische Theorie*, Frankfurt/Main 1973, 9. Auflage 1989, S. 336.). Sie stellt Herrschaftsgebilde deshalb in Frage, weil sie das »Gedächtnis des akkumulierten Leidens« (S. 387) und »bewußtlose Geschichtsschreibung« (S. 286) der Menschheit sei.

Adornos Überlegungen setzen bei der Lage der »klassischen modernen Kunst« ein. Hier sieht er zwei Pole wirken: Zum einen die »Entkunstung der Kunst« (S. 32) durch die Unterhaltungsindustrie, zum anderen die Ästhetisierung des Warenüberflusses. Die moderne Avantgarde oder ästhetische Moderne verweigere sich dem, indem sie ihre Bestimmung als »neue

Kunst« im Sinne des Noch-nicht-Seienden gleichzeitig eröffne und verweigernd aufschiebe. In Anknüpfung an die »Kritische Theorie« der »Frankfurter Schule« deutet Adorno Kunst vor allem als soziale Größe, der er allerdings eine eigene ästhetische Wertigkeit zuschreibt. Gegen die bürgerlich-kapitalistische Dominanz der »instrumentellen Vernunft« beansprucht die Kunst eine umfassendere Realität bzw. Wahrheitsgehalt jenseits von Herrschaft und Technik.

42 PP, S. 115.

43 So unter anderem Sascha Löwenstein: *Poetik und dichterisches Selbstverständnis. Eine Einführung in Rainer Maria Rilkes frühe Dichtungen* (1884–1906), Würzburg 2004, S. 127.

44 PP, S. 176.

45 TdW, Theaterstücke I + II, München 1993, Bd. I, S. 319 f.

46 Ebd., S. 372 f.

47 Ebd., S. 369 f.

48 Auch als Brief des Lord Chandos an Francis Bacon bibliographiert.

49 Hugo von Hofmannsthal: Ein Brief, in: *Essays, Reden und Vorträge*, hrsg. von Michael Holzinger, Berliner Ausgabe 2013, S. 57.

50 Ebd., S. 53 f.

51 Ebd., S. 54.

52 Ebd., S. 55.

53 Ebd., S. 56.

54 BEG, S. 13.

55 Stefan Büdenbender: *Zeit und Naturwissenschaften bei Botho Strauß. Zur ästhetischen Gestaltung ihrer Beziehung*, Dissertation, Trier 2008.

56 Stefan Willer: *Botho Strauß zur Einführung*, Hamburg 2000, S. 7.

57 ABo, in: *Der Spiegel* 6/1993, S. 204.

58 Ebd.

59 Ebd., S. 203.

60 Volker Hage (vgl. Anm. 28), S. 198.

61 Zitiert u.a. in Harald Zils: *Autonomie und Tradition*, Würzburg 2009, S. 198.

62 Zitiert in Jens Schneider: *Deutsch sein. Das Eigene, das Fremde*

und die Vergangenheit im Selbstbild der vereinten Deutschland, Frankfurt/Main 2001, S. 228.

63 Ralf Fücks: Deutsche Wiedervereinigung: Wir waren Anti-Nationalisten, in: *Die Zeit Online*, 3. Oktober 2015.

64 Vgl. Jens Schneider (vgl. Anm. 65), S. 288.

65 Eckhard Nordhofen: Vor der Bundeslade des Bösen, in: *Die Zeit*, 9. April 1993, S. 61.

66 In: *Die Zeit*, 52/2000.

67 In: *Der Spiegel*, 31/2013.

68 In: *Der Spiegel*, 41/2015.

69 So ist im redaktionellen Vorspann zu lesen: »Einer der umstrittensten Texte der Nachwendezeit [= Strauß' »Anschwellender Bocksgesang«] findet seine Fortsetzung: In einem Debattenbeitrag für den *Spiegel* äußert sich der Schriftsteller Botho Strauß, 70, zum kulturellen Selbstverständnis der Deutschen.«

70 So ortete Hans Hütt, der hier pars pro toto stehen mag, im Straußschen Essay ein »Dokument des Wahns«; in: Die Selbstvernichtung eines Autors, in: *Die Zeit Online*, 8. Oktober 2015 [Letzter Aufruf: 8. September 2017]. Mit Recht wies Erik Lehnert in einem Beitrag für die *Sezession im Netz* (5. Oktober 2015) darauf hin, daß zwischen dem *Spiegel* und Botho Strauß etwas herrsche, das der Dichter für den »Tiefpunkt jeder Beziehung« halten müsse, nämlich »Routine«. Der *Spiegel* spekuliere auf einen Skandal, indem er einen »Rechten« wie Strauß zu Wort kommen lasse, den er gleichzeitig als »Feigenblatt« für eine vermeintliche Weltoffenheit instrumentalisiere. Letztlich könne sich auch ein unabhängiger Geist wie Strauß nicht den »Gesetzen der Medien« entziehen, wenn er »sie zu benutzen« meine. Auch Strauß müsse deshalb seinen »Obolus an die herrschende Konformität« entrichten. Ohne den Spekulationen darüber, warum sich Strauß doch immer wieder einmal im *Spiegel* zu Wort meldet, neue hinzufügen zu wollen, sei an dieser Stelle auf den Kontext beider Wortmeldungen hingewiesen, die jeweils eine Wendesituation auf ihre seismischen Erschütterungen hin ausloteten: der »Bocksgesang« hatte vor allem das wiedervereinigte Deutschland vor Augen, der »Letzte Deutsche« den Eindruck der »Flüchtlingskrise« des Jahres 2015, deren Konsequenzen für die deutsche Identität, für »das Eigene«, grundstürzend sind. Aus seiner Sicht sind die heutigen »Sozial-

Deutschen«, die sich ihrer »geistigen Heroengeschichte« entledigt haben, nicht weniger entwurzelt als die »Millionen von Entwurzelten, die sich nun zu ihnen gesellen«. Womöglich läßt sich Strauß bei seinen Wortmeldungen in Multiplikatoren wie dem *Spiegel* oder der *Zeit* auf eine gewisse »Routine« ein, weil er den Glauben an eine nach wie vor vorhandene »Substanz des Deutschen« doch noch nicht aufgegeben hat.

71 Tragödie bedeutet im Altgriechischen eigentlich »Bocksgesang« (*trágos* = Ziegenbock und *ǭdḗ* = Gesang), was womöglich auf die mit Bocksfellen als Satyrn verkleideten Chorsänger in der griechischen Tragödie zurückzuführen ist.

72 Bernhard Greiner: *Die Komödie. Eine theatralische Sendung*, Tübingen 1992, S. 365.

73 ABo, S. 205.

74 Walter Burkert: *Anthropologie des religiösen Opfers*, München 1984, S. 19.

75 ABo, S. 205.

76 René Girard: *Das Heilige und die Gewalt*, Frankfurt/Main 1992, S. 380 f.

77 Ebd., S. 77.

78 Ebd.

79 Ebd., S. 275.

80 ABo, S. 205.

81 René Girard: *Das Heilige und die Gewalt*, Frankfurt/Main 1992, S. 72.

82 ABo, S. 205.

83 *Ithaka*, S. 7.

84 Girard: *Das Heilige*, S. 201.

85 ABo, S. 205.

86 Girard: *Das Heilige*, S. 380 f.

87 FdK, S. 82.

88 Kardinal Ratzinger ist der Nietzsche unserer Zeit. Brief an Heimo Schwilk, in: *Frankfurter Allgemeine Zeitung*, 27. Oktober 1994.

89 Eunike Piwoni: *Nationale Identität im Wandel: Deutscher Intellektuellendiskurs zwischen Tradition und Weltkultur*, Berlin 2012.

90 BEG, S. 122. Dieser Widerstand schließt nach Strauß den Wi-

derstand gegen »soziozentrische Ideen« mit ein. In *Niemand anderes* schreibt Strauß: Kein Mensch könne ohne Gesellschaft leben, »wohl aber sehr gut ohne soziozentrische Ideen« (NA, S. 150). Hier findet sich eine bemerkenswerte Nähe zu einer Einlassung des Sozialwissenschaftlers Friedrich Tenbruck: »Die Bewältigung der Sozialwissenschaften verlangt den Verzicht auf ihr Weltbild, das in all seinen Facetten auf die Abschaffung des Menschen hinausläuft, der ... in Daten, Faktoren, Merkmale, Indikatoren, Kategorien, Funktionen, Rollen, Verhaltensmuster vor unseren Augen aufgelöst wird, bis nur ein sozial determinierter Verhaltensmechanismus übrigbleibt und übrigbleiben soll.« In: *Die unbewältigten Sozialwissenschaften*, Köln 1984, S. 232 f.

91 WtE, S. 61.

92 Ebd.

93 Zitiert nach Volker Hage (vgl. Anm. 28).

94 Botho Strauß: Der letzte Deutsche. Uns wird die Souveränität geraubt, dagegen zu sein, in: *Der Spiegel* 41/2015, S. 122–124.

95 Ebd., S. 123.

96 Ebd.

97 Ioana Craciun: *Die Politisierung des antiken Mythos*, Tübingen 2000, S. 233.

98 Oswald Spengler: *»Ich beneide jeden, der lebt«. Die Aufzeichnungen »Eis heauton« aus dem Nachlaß*, Düsseldorf 2007.

99 Spengler persönlich, in: *FAS*, 19. August 2007.

100 Craciun: *Politisierung*, S. 235.

101 KF, Theaterstücke I + II, München 1993, Bd. II, S. 66.

102 Sebastian Schauberger: *Jetzt war schon immer. Studien zum Theater von Botho Strauß*, Hamburg 2015, S. 95 f.

103 DjM, S. 196–198. Vgl. auch in FdK, S. 107: »Die Deutschen waren für fünf oder sechs Jahre von ihrer Gemeinschaft berauscht. Zur Strafe mußten sie tausend Jahre untersuchen, wie es dazu kommen konnte. Ihr Ingenium erschöpfte sich in Nachträglichkeit.«

104 Botho Strauß: Beherrscht fort und fort, *Spiegel*-Special II/1989, 1. Februar 1989.

105 Vgl. das bekannte Diktum Adornos: »Je totaler die Gesellschaft, um so verdinglichter auch der Geist und um so paradoxer sein

Beginnen, der Verdinglichung aus eigenem sich zu entwinden. Noch das äußerste Bewußtsein vom Verhängnis droht zum Geschwätz zu entarten. Kulturkritik findet sich der letzten Stufe der Dialektik von Kultur und Barbarei gegenüber: nach Auschwitz ein Gedicht zu schreiben, ist barbarisch, und das frißt auch die Erkenntnis an, die ausspricht, warum es möglich ward, heute Gedichte zu schreiben. Der absoluten Verdinglichung, die den Fortschritt des Geistes als eines ihrer Elemente voraussetzte und die ihn heute gänzlich aufzusaugen sich anschickt, ist der kritische Geist nicht gewachsen, solange er bei sich bleibt in selbstgenügsamer Kontemplation.« In: Theodor W. Adorno: Kulturkritik und Gesellschaft. In: *Gesammelte Schriften*, Band 10.1: *Kulturkritik und Gesellschaft* I, *»Prismen. Ohne Leitbild«*. Frankfurt am Main 1977, S. 30.

106 Strauß: Beherrscht (vgl. Anm. 104).

107 Ebd.

108 ABo, S. 204.

109 Hans Magnus Enzensberger: Ausblicke auf den Bürgerkrieg, in: *Der Spiegel*, 21. Juni 1993; Martin Walser: Deutsche Sorgen, in: *Der Spiegel*, 28. Juni 1993.

110 Hausmitteilung. Betr.: Intellektuelle. In: *Der Spiegel*, 28. Juni 1993. Martin Walser zum Beispiel konstatierte hier auf einer Linie mit Botho Strauß: »... Und weil wir aus den allertriftigsten Gründen die Nation so klein und schlecht gemacht haben, deshalb haben Landsleute, die das nicht ertragen wollten oder konnten, den Nationalismus in Pflege genommen. Ich glaube, die Entwicklung rechtsextremer Gruppierungen sei eine Antwort auf die Vernachlässigung des Nationalen durch uns alle. Und wir alle haben diesen Pflegern nationaler Tendenzen immer jede Legitimität verweigert. Mit dem verständlichen und doch etwas schematischen Hinweis auf die NS-Zeit. Könnte es nicht sein, daß wir durch diese peinliche Ausgrenzung die Rechtstendenzen radikalisiert haben? Auf jeden Fall haben wir sie aus jedem Diskurs ausgeschlossen. Jetzt tritt uns entgegen eine erbärmlich stammelnde Pubertät, die von allen guten Geistern verlassen ist und sich nur mit Brandsätzen und Gebrüll ausdrücken kann. Aber es sind unsere Kinder. ›Wir werden am Vaterland und seiner Zusammenfügung nicht ver-

zweifeln.‹ Wenn es gelungen wäre, die Haltung zu tradieren, die Rudolf Augstein 1953 in diesem Satz formuliert hat, dann gäbe es heute keinen Rechtsextremismus. Nur mit Verteufelung produziert man Teufel.«

111 Willi Winkler: Ist Botho Strauß ein Faschist?, in: *die tageszeitung*, 13. Februar 1993.

112 Elke Schmitter: Vom Pegasus zum Schlachtroß, in: *Wochenpost*, 18. Februar 1993.

113 Michael Schweizer: Archaische Bocksgesänge. Was hat Botho Strauß mit alten Nazis und neuen Faschisten zu tun? In: *Freitag*, 19. Februar 1993.

114 Nadja Thomas: *»Der Aufstand gegen die sekundäre Welt«. Botho Strauß und die »Konservative Revolution«*, Würzburg 2004.

115 Hier ist vor allem dessen Arbeit *Ästhetischer Fundamentalismus. Stefan George und der deutsche Antimodernismus*, Darmstadt 1995, zu nennen. »Wenn Strauß von Autorität und Meistertum spricht«, so urteilt Breuer in der Einleitung zu seinem Buch kurzschlüssig, »so knüpft er damit an die Formel von ›Herrschaft und Dienst‹ an, die vom George-Kreis propagiert wurde. Wenn er gegen die Totalherrschaft der Gegenwart an die Macht der Überlieferung appelliert, so erneuert er Rudolf Borchardts Programm einer schöpferischen Restauration. Wenn er auf Bindung setzt statt auf Emanzipation, so greift er auf einen Gedanken zurück, der im Mittelpunkt von Hofmannsthals Rede über ›Das Schrifttum als geistiger Raum der Nation‹ steht.«; S. 4.

116 Nadja Thomas (vgl. Anm. 114), S. 38.

117 Ebd., S. 39.

118 Breuer rezipiert im wesentlichen den Fundamentalismusbegriff von Thomas Meyer, im deutschsprachigen Raum seit einiger Zeit die Instanz im Hinblick auf die Ausdeutung des Fundamentalismus als »Aufstand gegen die Moderne«. Mit Meyers Fundamentalismusbegriff indes können letztlich alle möglichen Gegenströmungen zur Moderne stigmatisiert werden. Letztlich kann dann auch das Beharren auf der Substanz des Eigenen, das notwendigerweise mit Abgrenzung einhergehen muß, darunter subsumiert werden, wenn Meyer feststellt: »Das mit der Entfaltung der modernen Kultur überwunden geglaub-

te kulturelle Vormachtstreben, das Politische der eigenen kulturellen Identität auf der Basis absolut gesetzter Gewißheitsansprüche und damit der Gegensatz zur kulturellen Identität der Anderen, erlebt nun seit den 1970er Jahren in nahezu allen Teilen der Welt eine ebenso unverhoffte wie machtvolle Renaissance.« Vgl. Thomas Meyer: *Was ist Fundamentalismus? Eine Einführung*, Wiesbaden 2011, S. 24. An einer anderen Stelle dieses Buches umreißt Meyer seine Fundamentalismusdefinition wie folgt: »Fundamentalismus als politische Ideologie und Bewegung ist der Versuch, den modernen Prozeß der Öffnung und der Ungewißheit, sei es ganz, sei es in seinen zentralen Bereichen, umzukehren und die von seinen Verfechtern zur absoluten Gewißheit erklärte Variante der Weltdeutung, der Lebensführung, der Ethik, der sozialen Organisation zu Lasten aller Anderen verbindlich zu machen. Fundamentalismus als Produkt der Moderne will Ungewißheit und Offenheit überwinden, indem er eine der Deutungsalternativen im Rückgriff auf geheiligte Traditionen oder künstlich immunisierte Gewißheiten absolut setzt. Das darauf gestützte geschlossene System des Denkens und Handelns, das Unterschiede, Zweifel und Alternativen ausdrückt, soll nach dem Willen der Fundamentalisten an die Stelle der modernen Offenheit treten und damit Halt und Sicherheit, Orientierungsgewißheit, feste Identität und die Gewißheit der geglaubten Wahrheit aufs neue erzwingen und künftigem Wandel entgehen.« Vgl. Meyer, a. a. O., S. 29.

119 Zuletzt in der 6., von Karlheinz Weißmann überarbeiteten Auflage im Grazer Ares Verlag veröffentlicht.

120 Thomas, a. a. O., S. 65.

121 Breuer, a. a. O., S. 181 f.

122 Breuer, a. a. O., S. 3.

123 DAsW, darin: Die Distanz ertragen. Über Rudolf Borchardt (1987), S. 14. Die Wertschätzung, die Strauß hier gegenüber Borchardt zeigt, wird auch anhand folgender Einlassungen deutlich: »Borchardt war vermutlich der letzte, der das Innestehen im Ganzen – dem ganzen Sprachraum, Volk, Reich, Abendland – erlebte, das hochintegrierte Dichter-Wissen«; ebd., S. 20. Und: »Dies Deutsch wirkt deutschzeugend in jedem, dem es eingeht. Es ist im Wortsinn des Anspruchs voll, in-

sofern es von der Silbe her auf Resonanz gestimmt ist und ruft, wachruft, was an verborgener Sprachgemeinschaft unter dem Kürzel-Regime der Kommunikation schlummert. Es ist ein wirksames Tonikum gegen die mangelnde Durchblutung von Vergangenheit in unserem Befinden«; ebd., S. 22.

124 Vgl. *Theorie des gegenwärtigen Zeitalters*, Stuttgart 1955. Freyer charakterisiert in dieser Arbeit die gesellschaftlichen Systeme vor der Industrialisierung als gewachsene »primäre Systeme« (»Ordnungen auf gewachsenem Grunde«), das Industriezeitalter hingegen als ein vom Menschen initiiertes »sekundäres System«. Im Fokus steht insbesondere die rasche Entwicklung der Industriegesellschaft im 20. Jahrhundert, die Freyer durch die Ausweitung der Technik, die Verdrängung kleiner Betriebe und die Entwicklung von Ballungszentren gekennzeichnet sieht, was eine grundlegende Veränderung in der Geschichte der Menschheit bedeute. Freyer zieht daraus den Schluß, daß es, um dieses Phänomen zu beschreiben, neuer begrifflicher Instrumente bedürfe. Am Marxismus bemängelt er den »Fortschrittsillusionismus«, daß der »neue Mensch« quasi von selbst entstehe. Kritisch setzt sich Freyer auch mit dem »modernen Chiliasmus« und dessen säkularisiertem »Zivilisationsparadies« auseinander. Konservatives Denken und Handeln weist Freyer die Rolle zu, »Fortschritt« und »Beharrung« zu verbinden. Aus der Tradition erwüchsen demnach die Kräfte der Menschheit. Der Rückgriff auf die Tradition müsse allerdings auf den »Tiefenschichten« des menschlichen Erbes beruhen, die unter den Bedingungen der modernen Zeit fruchtbar zu machen sind.

125 Fritz Rumler: Im rechten Licht: Streit um Botho Strauß, in: *Der Spiegel* 2/1995, S. 163.

126 Peter von Becker: Abschied von Botho Strauß, in: *Theater heute*, 12/1994, S. 4.

127 *Der Spiegel* 2/1995, S. 163.

128 Ebd.

129 Ebd. Wie aktuell diese Einlassung ist, zeigen zum Beispiel die Vorgänge auf der Frankfurter Buchmesse 2017 im Hinblick auf den Umgang mit Verlagen, die politisch rechts angesiedelt werden.

130 Am Rand. Wo sonst. Ein »Zeit«-Gespräch mit Botho Strauß, von Ulrich Greiner, in: *Die Zeit Online*, 6. Februar 2003 [Letzter Abruf: 24. August 2017].
131 Gegen die Zertrümmerung des schon Kaputten, Interview mit Peter Stein; in: *Welt am Sonntag*, 15. April 2001.
132 Der Plurimi-Faktor, in: *Der Spiegel* 31/2013, S. 112.
133 Ebd.
134 Ebd., S. 110.
135 Ebd.
136 DAsW, S. 49.
137 Jens Jessen: Der letzte Reaktionär, in: *Die Zeit*, 26. Februar 2004.
138 DAsW, S. 47 f.
139 Vgl. Arthur Moeller van den Bruck: »... konservativ ist, Dinge zu erschaffen, die zu erhalten sich lohnt.« In: *Das dritte Reich*, Berlin 1936, S. 202.
140 HK, S. 12 f.
141 HK, S. 35.
142 DAsW, S. 28. Strauß macht hier für die Dichtung *mutatis mutandis* das geltend, was Jan Assmann mit Blick auf die Funktion der Religion wie folgt formuliert hat: »In jeder Gesellschaft gibt es ›anachrone Strukturen‹ (Erdheim 1988), Institutionen, die weniger dem Fortschritt als der Bewahrung verpflichtet sind. Die Religion bildet den typischen Fall einer solchen anachronen Struktur. Innerhalb der Kultur, die das Heute gestaltet, hält sie das Gestern gegenwärtig, das nicht vergessen werden darf. Ihre ›Funktion ist es, durch Erinnern, Vergegenwärtigen und Wiederholen Ungleichzeitiges zu vermitteln‹«. Jan Assmann: Die Katastrophe des Vergessens. Das Deuteronomium als Paradigma kultureller Mnemotechnik, in: Aleida Assmann/Dietrich Harth (Hrsg.): *Mnemosyne. Formen und Funktionen kultureller Erinnerung*, Frankfurt/Main 1991, S. 337–355, hier: S. 349.
143 Platon erörtert das Anamnesis-Konzept in den Dialogen Menon, Phaidon und Phaidros.
144 BEG, S. 54: »Was tut man nicht alles, um das Einstweh zu stillen! Kein Erzählen, kein Erinnern, nicht der tiefste Roman füllt diesen Zeitenschlund.«

145 Hier sei insbesondere Friedrich Schlegel hervorgehoben, auf den sich Strauß immer wieder bezieht (»Romantiker des Wissens«). So stellte zum Beispiel Stefan Matuschek mit Blick auf Schlegel fest: »Nun ist die platonische *anamnesis* nicht nur eine implizite Tendenz, sondern ausdrücklich ein Gegenstand der Schlegelschen Vorlesung [gemeint ist die Dresdner Vorlesung Philosophie der Sprache und des Wortes]. ... Im Rahmen der griechischen Literatur werden deshalb auch Platon und Aristoteles behandelt. Die *anamnesis*-Lehre würdigt Schlegel dabei als das Wertvollste, was die antike Philosophie zu bieten habe. Denn in ihr spreche sich immerhin die Wahrheit aus, daß alle ›höhere Erkenntnis‹ aus einer transzendenten göttlichen Quelle entspringe. ... Die Platonische *anamnesis* wird von Schlegel ... als philosophiegeschichtliches Faustpfand gegen allen Rationalismus, als eine erkenntnistheoretische Abwehr aller Irreligiosität verstanden.« Vgl. Stefan Matuschek: Poesie der Erinnerung. Friedrich Schlegels Wiener Literaturgeschichte, in: *Erinnern und Vergessen in der europäischen Romantik*, hrsg. von Günter Oesterle, Würzburg 2001, S. 193–205, hier: S. 199.

146 BEG, S. 28 f.

147 ETG, S. 14.

148 Der Begriff »Bewußtseinstraum« verweist auf einen zentralen Aspekt der Straußschen Erinnerungspoetik, wie Patricia Zugmann herausstellte. Die Erinnerung, Strauß benutzt den Begriff »Anamnesis«, wird dem Dichter im Traum bewußt. Es ist die »Anamnesis«, die im Dichter einen schöpferischen Impuls auslöst und ihn zur Versprachlichung drängt. Vgl. hierzu Patricia Zugmann: *In der Schwebe. Subjektivität und Ästhetik in Botho Strauß' Dramen Besucher, Schlußchor und Das Gleichgewicht*, Dissertation, München 2003, S. 74.

149 DjM, S. 214.

150 ABo, S. 204.

151 Ebd.

152 Martin Tauss: *Rhetorik des Rechten. Botho Strauß' konservative Kulturkritik im »Anschwellenden Bocksgesang«*. Diplomarbeit zur Erlangung des Magistergrades der Philosophie, Wien 1999.

153 Ebd., S. 50.

154 Pia Maria Funke: *Über das Höhere in der Literatur. Ein Versuch zur Ästhetik bei Botho Strauß*, Würzburg 1996, S. 83.
155 NA, S. 147.
156 Ebd.
157 NA, S. 148.
158 Altgriechisch; im Deutschen mit Verwirrung, Beunruhigung, Aufregung oder Bestürzung zu übersetzen.
159 FdU, S. 44.
160 Herwig Gottwald: *Mythos und Mythisches in der Gegenwartsliteratur. Stuttgarter Arbeiten zur Germanistik*, Stuttgart 1996, S. 132.
161 Peter Strasser: Treiber und Wächter, in: *Manuskripte* 115, S. 94. Vgl. auch bei Strauß in ETG (S. 23) auch: »Ich bin nur ein Wächter *sagt er,* von schlafender Gesellschaft bestellt. Nicht geheißen, sie zu kränken oder zu stören. Sondern nur, wachsam zu sein und Ausschau zu halten. Nicht mitgerissen blieb ich sitzen, und mir vermehrt sich das Gewesene. Auch Ausschau nach den Sternen ist ja ein Blick zurück. Ihr Licht fällt uns aus fernen Zeiten zu.«
162 BEG, S. 60 f.
163 Vgl. hierzu wie oben bereits erwähnt: Stefan Büdenbender: *Zeit und Naturwissenschaften bei Botho Strauß. Zur ästhetischen Gestaltung ihrer Beziehung*, Dissertation, Trier 2008.
164 So charakterisiert u.a. Herwig Gottwald in: *Mythos und Mythisches in der Gegenwartsliteratur*, Stuttgart 1996, S. 108, das ästhetische Prinzip von Botho Strauß.
165 BEG, S. 70.
166 Armin Mohler: *Die konservative Revolution in Deutschland 1918–1932*, Stuttgart 1950, 4. Auflage Darmstadt 1994, S. 113.
167 BEG, S. 17.
168 BEG, S. 11.
169 NA, S. 133.
170 NA, S. 150.
171 PP, S. 161 ff.
172 Bei dem hier in Anschlag gebrachten Irrationalismusbegriff wirkt im übrigen immer noch die umstrittene Arbeit *Die Zerstörung der Vernunft* des marxistischen Philosophen Georg Lukács nach, der Irrationalismus wie folgt definierte: »Herab-

setzung von Verstand und Vernunft, kritiklose Verherrlichung der Intuition, aristokratische Erkenntnistheorie, Ablehnung des gesellschaftlich-geschichtlichen Fortschritts, Schaffung von Mythen«. Georg Lukács: *Die Zerstörung der Vernunft*, Berlin (Ost) 1954, S. 10 f.

173 NA, S. 150 f.

174 NA, S. 151 f.

175 Mit dieser Rede machte Hofmannsthal im übrigen den Begriff »konservative Revolution« »virulent«, wie Armin Mohler anmerkte: »Der Prozeß, von dem ich rede«, so Hofmannsthal in dieser Rede, »ist nichts anderes als eine konservative Revolution von einem Umfange, wie die europäische Geschichte ihn nicht kennt. Ihr Ziel ist Form, eine neue deutsche Wirklichkeit, an der die ganze Nation teilnehmen könne.« (Hugo von Hofmannsthal: *Das Schrifttum als geistiger Raum der Nation*, München 1927, S. 31.)

176 Hugo von Hofmannsthal: *Das Schrifttum als geistiger Raum der Nation*, München 1927, S. 9.

177 Ebd.

178 Ebd., S. 10 f.

179 Ebd., S. 11.

180 Ebd., S. 13.

181 Ebd.

182 Ebd., S. 16.

183 Ebd., S. 17.

184 Ebd., S. 18.

185 BEG, S. 60 f.

186 Ebd.

187 BEG, S. 121.

188 ABo, S. 207.